*Die um 1935 entstandene Fliegeraufnahme zeigt den Blick auf die Stadt Prenzlau aus südwestlicher Richtung. Im Vordergrund sieht man die von Bäumen umschlossene Sabinenkirche am Nordufer des Unteruckersees und gleich dahinter die am Mitteltorturm endende Neustadt. Im Zentrum des Bildes befindet sich die dominante Marienkirche, die man bereits aus großer Entfernung erkennt, wenn man sich der Stadt nähert.*

# Prenzlau
*einst & jetzt*

*Auch hier der Blick auf die Stadt aus südwestlicher Richtung allerdings im Jahr 1993. Im Vordergrund erkennt man unten links die Binnenfischerei und gleich dahinter die Sabinenkirche. Am rechten Bildrand ist der noch unbebaute Sternberg zu sehen, für den die Stadtverordneten im Januar 1993 einen städtebaulichen Ideenwettbewerb beschlossen hatten. Die hier stehenden Wohnhäuser hatten zwar den Zweiten Weltkrieg, nicht aber die DDR-Zeit überstanden. Die vernachlässigte Bausubstanz fiel nach der Wiedervereinigung dem Abrissbagger zum Opfer.*

Jürgen Theil

# Prenzlau *einst & jetzt*

*Eine spannende Zeitreise in faszinierenden Bildern*

SUTTON

# Inhalt

# Vorwort

Die heutige Kreisstadt Prenzlau kann auf eine lange und wechselvolle Geschichte zurückblicken, die von wirtschaftlichem Aufschwung und Niedergang, von Kriegs- und Friedenszeiten, von Zerstörung und Wiederaufbau sowie anderen Brüchen gekennzeichnet ist. Die nur etwa 100 Kilometer nördlich von Berlin liegende Stadt Prenzlau hat ihre Blütezeit im Mittelalter erlebt. In den Jahren 1187/88 wird Prenzlau erstmals urkundlich erwähnt. Schon damals gab es an diesem Ort, der am Schnittpunkt zweier bedeutender Handelsstraßen lag, eine Burg, einen Markt, einen Krug und eine Münzprägestätte. Um die Region wirkungsvoller gegen äußere Angriffe verteidigen zu können, beschloss der Pommernherzog Barnim I. 1234, den Ort Prenzlau als Stadt auszubauen.

Die hier bis zur Reformation entstandenen Sakralbauten verdeutlichen eindrucksvoll die wirtschaftliche Leistungskraft dieses Gemeinwesens, das im Mittelalter auf über 5.000 Einwohner angewachsen war. Damit gehörte Prenzlau zu den 50 größten Städten des Heiligen Römischen Reiches Deutscher Nation. Mit insgesamt sieben Kirchen war Prenzlau nach der Doppel- und Domstadt Brandenburg die mit Gotteshäusern am reichlichsten ausgestattete Bürgerkommune der Mark Brandenburg. Die drei hier gegründeten Klöster (ein Frauen- und zwei Bettelorden) sprechen ebenfalls für die Bedeutung der Stadt Prenzlau als geistliches Zentrum der Uckermark.

Als Immediatstadt besaß Prenzlau umfangreiche Privilegien und profitierte durch seine günstige Lage vom Fernhandel, der von den ansässigen Gewandschneidern betrieben wurde. Ab 1320 profitierten diese für einige Jahre vom zollfreien Handel in ganz Pommern und Dänemark (außer in Skanör und Falsterbo auf Schonen). Der große Stadtbrand im Jahr 1483 trug zur weiteren Verschlechterung der Wirtschaftskraft der Stadt Prenzlau bei. Zusammen mit der Wohnbebauung wurde damals vermutlich auch der hölzerne Roland zerstört, den man 1495/96 durch einen neuen aus Stein ersetzte. Er stand auf dem Obermarkt als Sinnbild der oberen Gerichtsbarkeit sowie der Marktfreiheit und Marktgerechtigkeit. Als 1618 in Böhmen der Dreißigjährige Krieg ausbrach, zählte Prenzlau 764 Feuerstellen. 1643 waren davon nur noch 107 bewohnt. Es hat nach dem Krieg etwa 70 Jahre gedauert, bis die Zahl der ehemals bewohnten Hausstellen wieder erreicht wurde. Die Zuwanderung der französischen Glaubensflüchtlinge und die 1687 in Prenzlau vollzogene Gründung einer Hugenottenkolonie belebten die Wirtschaft erneut. In der Zeit der napoleonischen Kriege kam es 1806 in Prenzlau zur legendären Kapitulation der von General Hohenlohe angeführten, etwa 10.000 Mann starken preußischen Truppe, die vor 1.500 Franzosen die Waffen streckte und sich gefangen nehmen ließ.

Nach den Befreiungskriegen (1813–15) wurde die Uckermark im Jahr 1816 in die drei Kreise Prenzlau, Angermünde und Templin geteilt. Prenzlau hatte sich nun vom ehemaligen Hauptort der Uckermark zu einer provinziellen Kreisstadt entwickelt. In der nun folgenden Zeit der Industrialisierung, die entscheidend durch die beiden Bürgermeister Grabow

(1802–1874) und Mertens (1840–1920) geprägt wurde, konnten die Verkehrswege ausgebaut und zahlreiche neue Unternehmen gegründet werden. Von 1800 bis 1871 hat sich die Einwohnerzahl der Stadt von 7.026 auf 14.446 mehr als verdoppelt. Im Gegenzug dazu schrumpfte die Landbevölkerung des Kreises in den Jahren 1871 bis 1905 um über zehn Prozent.

Im 19. Jahrhundert entstanden ein Offizierskasino (1877/78) in der Stettiner Straße sowie eine weitere Kaserne (1879/82) und ein Lazarett (1878/80) in der heutigen Karl-Marx-Straße, in der sich nun die Kreisverwaltung des Landkreises Uckermark befindet. In der Zeit des Ersten Weltkrieges (1914–1918) gab es in Prenzlau insgesamt zehn Reservelazarette, die in Gaststätten und öffentlichen Gebäuden eingerichtet worden waren. Die Stadt Prenzlau verlor im Ersten Weltkrieg etwa 630 Bürger. 1936 war an der Berliner Straße ein neuer Kasernenkomplex für die Wehrmacht errichtet worden. Hier war von September 1939 bis 1945 das Offiziersgefangenenlager (Oflag) IIA untergebracht, in dem zunächst polnische Offiziere und nach dem Überfall auf Belgien etwa 2.700 (überwiegend belgische) Offiziere sowie 300 Soldaten inhaftiert waren. Nach dem Krieg wurde dieser Kasernenkomplex vom 175. Panzer-Regiment der sowjetischen Streitkräfte genutzt. Der in Prenzlau 1934/35 angelegte Flugplatz wurde 1944 zu einem Feldflugplatz für Jäger- und Bombergeschwader ausgebaut. Das Flugzeugteile produzierende Mansfeldwerk, das von 1937 bis 1941 als Rüstungsbetrieb in der Prenzlauer Franz-Wienholz-Straße errichtet worden war, beschäftigte im März 1944 1.775 Arbeiter. Unter ihnen waren 939 Deutsche, 12 Ausländer, 597 Ostarbeiter und 227 Kriegsgefangene.

Die Zeit der beiden Weltkriege hat Prenzlau bis zum April 1945 beinahe unbeschadet überdauert. Erst in den letzten Apriltagen des Jahres 1945 wurde die Stadt bei Artillerie- und Luftangriffen sowie durch Brandstiftung nach dem Einzug der Soldaten der Roten Armee zu etwa 85 Prozent zerstört. Der in den 1950er-Jahren begonnene Wiederaufbau der Stadt konnte erst in den 1980er-Jahren abgeschlossen werden. Von 1971 bis 1981 entstanden am Robert-Schulz-Ring und Georg-Dreke-Ring Plattenbausiedlungen, in denen heute etwa 5.000 Menschen leben. Nach der deutschen Wiedervereinigung hat sich das Bild der Stadt bedeutend verändert. Neben dem Dominikanerkloster, der alten Nikolaikirche, dem Mühlmannstift, dem Wasserturm und der Stadtmauer konnten nach 1990 zahlreiche weitere Gebäude umfassend saniert werden. Am Stadtrand entstanden Gewerbegebiete und Einkaufsmöglichkeiten, was die zunehmende Zersiedlung begünstigte. Bedingt durch die demographische Entwicklung hat man inzwischen auch in Prenzlau mit dem Wohnungsrückbau beginnen müssen. Alle Anstrengungen sind jetzt darauf gerichtet, die Innenstadt neu zu beleben.

Die ersten freien Kommunalwahlen nach 1945 fanden in Prenzlau am 6. Mai 1990 statt. Die Stadtverordnetenversammlung setzte sich nach der Wahl aus 37 Mitgliedern zusammen (16 SPD, 8 CDU, 7 PDS, 2 FDP, 4 Gemeinsame Fraktion). Jürgen Hoppe (SPD) wurde von den Stadtverordneten zum Bürgermeister gewählt. Ihm folgten 2002 Hans-Peter Moser (PDS) und 2010 Hendrik Sommer (parteilos) in diesem Amt.

# Südseite des Marktplatzes

Diese Aufnahme zeigt die Südseite des Marktplatzes um 1944 mit dem Standbild von Moltke. Die Denkmäler von Kaiser Wilhelm I. und Bismarck sind bereits verschwunden, da sie vermutlich für Kriegszwecke eingeschmolzen wurden. Der Marktplatz bestand früher aus drei Teilen: dem Obermarkt, dem Hauptplatz vor dem Rathaus und dem Untermarkt. Der Platz vor dem Rathaus wurde häufig für Paraden und Feierlichkeiten genutzt. Auf dem Untermarkt fanden der Holzmarkt und Wochenmärkte statt. Das 1724 errichtete Rathaus entstand als Nachfolgebau des ursprünglich fast 90 Meter langen mittelalterlichen Gebäudes. Das neue Rathaus war 39 Meter lang

und 15 Meter breit. Im April 1945 wurde das Rathausgebäude stark zerstört. Obwohl es vom Entwicklungsbüro für Stadt- und Dorfplanung Potsdam Pläne zum Wiederaufbau des denkmalgeschützten Gebäudes und seine Eingliederung in einen großen Rathauskomplex auf dem zentralen Marktplatz gab, wurde die Rathausruine im Frühjahr 1960 abgerissen und der frühere Standort planiert. In den folgenden Jahrzehnten nutzte man den inzwischen in Ernst-Thälmann-Platz umbenannten Marktplatz für Aufmärsche und Propagandaveranstaltungen. Erst 1987/88 errichtete man hier Plattenbauwohnungen, die jedoch keine 20 Jahre standen. Nach ihrem Abriss, der zwischen 2007 und 2010 erfolgte, begann man mit der Gestaltung der „Neuen Mitte" die heutige Neubebauung, die von der Wohnungsgenossenschaft umgesetzt wurde. Stadtverordnete, die sich zuvor für den Wiederaufbau des historischen Rathauses eingesetzt hatten, konnten sich nicht durchsetzen.

# Obermarkt mit Denkmal von Friedrich II.

Diese handkolorierte Postkarte vom Obermarkt entstand um 1920. Sie zeigt an der linken Seite das 1906 hier aufgestellte und vom Prenzlauer Ehrenbürger Witt finanzierte Denkmal des Preußenkönigs Friedrich II. (1740–1786), das den Zweiten Weltkrieg überdauert hat und erst 1947 aus unbekannten Gründen verschwand, ohne dass man bisher erfuhr, was damit geschehen war. Den Denkmalsockel, der zuletzt als Litfaßsäule diente, trug man 1960 ab. Gleich neben diesem Denkmal ist eine Mineralwasser- und Erfrischungsbude zu sehen, von der es in der Stadt mehrere der gleichen Bauart gab. Im Mittelalter stand auf dem Obermarkt auch der 1495/96 aus Sandstein errichtete Roland, der als Sinnbild der Marktfreiheit und Marktgerechtigkeit sowie der oberen Gerichtsbarkeit galt. Hier befand sich auch das Blutgericht, an das der noch immer in das Straßenpflaster eingelassene Richtstein erinnert, auf den heute eine in den Boden eingelassene Bronzetafel verweist. Unweit des Richtsteins befindet sich eine zweite Tafel, die über den Standort des Militärgalgens informiert, der hier noch im 19. Jahrhundert stand. Mit der „Neuen Mitte" entstand auf dem Obermarkt auch ein Gebäude für die Stadtinformation.

# Scharrnstraße mit Blick auf die Marienkirche

Die Scharrnstraße wurde nach archäologischen Erkenntnissen ab 1235 angelegt und spätestens um 1250 auf einer Breite von etwa 4,50 Metern mit Schotter befestigt. Der Name geht zurück auf die mittelalterlichen Verkaufsbuden, die das Rathaus flankierten und von den Bäckern und Fleischern genutzt wurden. Im 17. Jahrhundert hieß diese Straße noch Im Fleischscharren und im Jahrhundert darauf Im Theer-Haaken. Die Bezeichnung Hake bzw. Höker bedeutet so viel wie Kleinhandel. Im Theer-Haaken befanden sich auch die Teerbrennereien zur Herstellung der Schmierfette für die Kutschen und Wagen, die auf dem Markt verhökert bzw. verkauft wurden. 1840 wurde ein großer Teil der Scharren abgetragen, sodass

nur noch der alte Straßenname an die mittelalterlichen Verkaufsbuden erinnert. Das wohl geschichtsträchtigste Haus dieser Straße dürfte das Bürgerhaus I.P. Lang sein, das um 1565 in der Scharrnstraße 190 von Joachim Kalvensleben errichtet wurde. Besitzer waren u.a.: 1576 Bürgermeister Dietrich Dreyer, 1592 Landvogt Bernd von Arnim, 1613 Seidenkrämer Peter Wilde, anschließend die Familie Jordan, die den herrlichen Barockgiebel errichten ließ, und schließlich die Familie Lang. 1806 wurde in diesem Lokal die Kapitulation der Stadt Prenzlau ausgehandelt. Im April 1945 fiel auch dieses Haus der Zerstörung zum Opfer. Die Wohnbebauung der Scharrnstraße 1 bis 7 stammt aus den 1960er-Jahren und wurde 2007 vom Eigentümer, der Prenzlauer Wohnbau GmbH, für zirka 900.000 Euro saniert. Die sich im Osten daran anschließende Eckbebauung entstand 1983/84 zusammen mit der Neubebauung der Friedrichstraße.

# Friedrichstraße mit Blick auf die Wilhelmstraße

Die Friedrichstraße erstreckt sich vom Markt bis zur Wilhelmstraße (heute Dr.-Wilhelm-Külz-Straße). Sie wurde vermutlich um 1250 neu angelegt und musste aufgrund des butterweichen Bodens mit Holzbohlen befestigt werden. In einer Urkunde von 1507 und im Stadtplan von 1722 wird sie vermutlich deshalb als Butterstraße erwähnt. Nachdem der preußische König Friedrich Wilhelm III. 1820 die Stadt Prenzlau und das Geburtshaus seiner Mutter, der geborenen Friederike Louise von Hessen-Darmstadt, besucht hatte, wurde dieser Straßenzug in Friedrichstraße und die heutige Dr.-Wilhelm-Külz-Straße in Wilhelmstraße umbenannt. Erst 1950 erfolgte die Umbenennung der Friedrichstraße und der sich südlich anschließenden Steinstraße in Straße der Republik. Noch vor Beginn der 750-Jahr-Feier

der Stadt Prenzlau konnte 1984 der weitgehend fertiggestellte Neubaubereich der Straße der Republik mit 218 Neubauwohnungen sowie mehreren Geschäften und der Gaststätte „Zum Schwan“ nach einer Bauzeit von 14 Monaten übergeben werden. 1990 erfolgte die Rückbenennung in Friedrichstraße und Steinstraße. Seit 2005 erfolgten umfassende Baumaßnahmen in der Friedrichstraße, die für 2,3 Millionen Euro zu einem verkehrsberuhigten Geschäftsbereich ausgebaut wurde. Etwa zeitgleich erfolgte der Abriss der Jola-Kaufhalle, an deren Stelle noch im November desselben Jahres ein neues Einkaufszentrum eröffnet wurde. 2006 konnte der nördliche Teil der Straße seiner Bestimmung übergeben werden, bevor ein Jahr später die feierliche Übergabe der komplett sanierten Friedrichstraße folgte.

# Friedrichstraße mit Blick zum Markt

In den 1920er- und 1930er-Jahren pulsierte in dieser Hauptgeschäftsstraße der innerstädtische Handel. In der Friedrichstraße 201 befand sich ein modernes Kaufhaus mit einem Fahrstuhl, das der Unternehmer Johannes Breuss errichtet hatte. Es wurde im Krieg schwer zerstört und später nach der Enteignung des Besitzers zum Kontakt-Kaufhaus umgebaut, bevor es 1975 komplett niederbrannte. Im Vordergrund ist das alte kaiserliche Postamt zu erkennen, das hier nach Plänen des Oberregierungsrates Kind errichtet und 1886 seiner Bestimmung übergeben werden konnte. Nur zehn Jahre später folgte zur Unterbringung des Stadtfernsprechamtes und der Telegraphie ein Erweiterungsbau, der ebenfalls in neogotischer Form ausgeführt wurde. Im April 1945 wurde die gesamte Friedrichstraße zusammen

mit dem Postgebäude zerstört. Erst 1953 konnte man das wiedererrichtete Postgebäude seiner Bestimmung übergeben. Das Fernamt Prenzlau stellte 1982 seine Tätigkeit ein, da die meisten Anrufe inzwischen automatisch vermittelbar waren. Nach der Wiedervereinigung erfolgte 1995 die Privatisierung des Postunternehmens. 2009 zog die Post aus dem 1953 bezogenen Gebäude in ein Einzelhandelsgeschäft, das sich in derselben Straße befindet. 2014 begann die Wohnbau GmbH Prenzlau, die das ehemalige 2.400 Quadratmeter große Postgebäude ein Jahr zuvor erworben hatte, mit der denkmalgerechten Sanierung des Areals für etwa fünf Millionen Euro.

# Steinstraße und Steintor

Die Steinstraße hat ihren Namen vermutlich abgeleitet vom mittelalterlichen Steintor erhalten, das noch vor 1306 errichtet und 1835 abgetragen wurde. Das nur zwei Jahre später entstandene neue Tor wurde nach 1875 ebenfalls abgebrochen. Bereits 1828 hatte die bekannte jüdische Familie Mayer in der Steinstraße ein Manufakturwarengeschäft errichtet. Nur wenige Jahre später gründete der Unternehmer Luis Vincent hier sein Verlagshaus (auf der Postkarte das Eckhaus links), in dem 1836 der „Uckermärkische Courier“ gedruckt wurde. Das alte Kopfsteinpflaster der Steinstraße wurde nach 1990 mit einer Schwarzdecke überzogen. Die Wohn-

bebauung der Steinstraße wurde 1945 komplett zerstört. Erst Ende der 1950er-Jahre entstanden hier neue Wohnungen, die die Arbeiter-Wohnungsgenossenschaft (AWG) errichten ließ. 1967 baute man weitere Neubauwohnungen, die nun schon in Plattenbauweise errichtet wurden. Nur zwei Jahre später konnte eine Kaufhalle mit 730 Quadratmetern Verkaufsfläche für Waren des täglichen Bedarfs ihrer Bestimmung übergeben werden, die 2001 wieder abgerissen wurde, bevor hier eine neue Rewe-Kaufhalle mit fast 1.000 Quadratmetern Verkaufsfläche entstand. In das 1975 in dieser Straße errichtete Kaufhaus Magnet zog 1990 die Handelskette Woolworth ein.

# Steinstraße mit Stadtsparkasse

Das auf diesem um 1935 entstandenen Foto abgebildete Kriegerdenkmal stammt aus dem Jahr 1877. Um es aufstellen zu können, wurde der Verein zur Errichtung eines Denkmals für die 1870/71 gebliebenen Krieger aus dem hiesigen Kreise gegründet. Ursprünglich sollte das von Bauinspektor Hoffmann geplante Denkmal 12 Meter hoch werden und als Hauptschmuck vier Statuen – bestehend aus je einem Infanteristen, Kavalleristen, Artilleristen und einem Pionier – tragen, wovon man aus Kostengründen Abstand nahm. Das für die 155 im Deutsch-Französischen Krieg Gefallenen des Kreises errichtete Denkmal schuf der Berliner Bildhauer Greiss. Es wurde 1938 aus verkehrstechnischen Gründen auf seinen heutigen Platz in die Wallgasse umgesetzt.

Die 1888 in Prenzlau gegründete Stadtsparkasse war zunächst im Rathaus untergebracht. Erst 1935 bezog sie ihr neues Domizil in der Steinstraße, wo ein Neubau mit einem markanten runden Fenster entstanden war. Dieses Haus ist auch das einzige Gebäude in der Steinstraße, das nach dem Krieg wieder aufgebaut werden konnte. Im Sparkassengebäude nahm im Januar 1945 ein Standgericht der Geheimen Feldpolizei seine Arbeit auf. Die hier ausgesprochenen Todesurteile wurden im „Uckermärkischen Kurier" veröffentlicht. Etwa 40 Wehrmachtsangehörige wurden in Prenzlau zum Tode verurteilt. Sie wurden in der Kiesgrube am Sternhagener Weg erschossen und anschließend in einem Massengrab auf dem Prenzlauer Stadtfriedhof beigesetzt.

# Steinstraße mit Blick zum Markt

Die zumeist zweigeschossigen Wohn- und Geschäftshäuser entstanden überwiegend im 18. und 19. Jahrhundert. Die mittelalterliche Bebauung wurde beim großen Stadtbrand 1483 und in der Zeit des Dreißigjährigen Krieges (1618–1648) zerstört. Im 19. Jahrhundert zählte die Steinstraße 64 Häuser. 1930 wurde in unmittelbarer Nachbarschaft zum Steintorturm ein Waisenhaus gebaut, das über die Berndt'sche Waisenhausstiftung finanziert wurde. Dieses unter Denkmalschutz stehende und heute als Wohnhaus genutzte Gebäude wurde 2003 umfassend saniert. Zu den Geschäften, die es in der Steinstraße um 1928 gab, gehörten u.a. eine Weingroßhandlung, ein Schuhwarengeschäft, eine Drogerie, eine Kartoffelgroßhandlung, zwei Materialwarenhandlungen, ein Radio-Spezialhaus, ein Handarbeitsgeschäft, ein Kaffeegeschäft,

mehrere Konfektionsläden, ein Möbeltransportunternehmen, eine Tuchhandlung, ein Baugeschäft sowie ein Druckerei- und Verlagshaus mit einer angeschlossenen Buchhandlung.

Auf der abgebildeten Postkarte ist auf der rechten Straßenseite das Bier-Verlagshaus Patzenhofer zu sehen, das sich in der Steinstraße 412 befand. Das Haus gelangte in den 1920er-Jahren in den Besitz des 1907 in Prenzlau neu gegründeten Konsum-Vereins. Der Prenzlauer Handwerksmeister Otto Stachelhaus verlegte 1905 sein Schuhmachergeschäft in die Steinstraße 435, wo er zuvor ein dreistöckiges Mietshaus mit einem Schuhgeschäft errichten lassen hatte. Das Geschäft übernahm 1945 der Sohn Erich, 1963 der Enkel Horst und 1994 der Urenkel Hartmut Stachelhaus.

# Schulzenstraße mit Exerzierschuppen

Dieses Foto zeigt die Schulzenstraße zusammen mit dem Exerzierhaus. Die Schulzenstraße wurde spätestens Mitte des 13. Jahrhunderts angelegt. Bis 1950 hieß sie noch in voller Länge Schulzenstraße, dann wurde sie zusammen mit der Königstraße in Straße des Friedens umbenannt, bevor 1964 der neue Name Heinrich-Heine-Straße folgte. Den südlichen Teil der Straße (zwischen Hospital- und Sternstraße) benannte man im April 1994 wieder in Schulzenstraße zurück.

Das Exerzierhaus wurde zusammen mit den friderizianischen Kasernen in den 1770er-Jahren als Fachwerkbau errichtet. Es war 206 Fuß lang und 40 Fuß tief. Der Boden war mit Brettern belegt. Es diente der Ausbildung von Soldaten bei schlechten Witterungsverhältnis-

sen, später war hier auch ein Magazin untergebracht. In der Zeit der französischen Besatzung (1806–1808) diente das Gebäude teilweise als Pferdestall, später auch als Lazarett. 1925 erwarb die Stadt den Kasernenkomplex zusammen mit dem Exerzierschuppen, der 1931 in den Besitz der St.-Nikolai-Kirchgemeinde gelangte. 1974 fiel das Gebäude dann einer Brandstiftung zum Opfer. Das Gelände wurde 1997/98 mit Wohn- und Geschäftshäusern überbaut.

# Kleine Kasernenstraße

Die Kleine Kasernenstraße ist eine Verbindungsstraße zwischen der Steinstraße und der Heinrich-Heine-Straße. Ihre Umbenennung in Richard-Steinweg-Straße erfolgte 1950. Richard Steinweg wurde 1879 in Prenzlau geboren. Er war Malermeister und Leiter des Arbeiter-Theatervereins Tribüne in Prenzlau. Die Kapp-Lüttwitz-Putschisten machten im März 1920 Jagd auf Arbeiterfunktionäre. Auf der Suche nach Hermann Steinweg, der 1918 im Arbeiter- und Soldatenrat war und der USPD angehörte, fiel ihnen am 23. März 1920 dessen Bruder Richard Steinweg in die Hände, den die Putschisten im Glauben, dass es sich um Hermann Steinweg handelte, ermordeten.

Die Prenzlauer Bürger errichteten ihren Märzgefallenen ein würdiges Begräbnis auf dem Prenzlauer Friedhof. Die in der Richard-Steinweg-Straße in der friderizianischen Zeit 1767/70 von General Wunsch errichteten Kasernen gehören heute zu den ältesten in Deutschland. Es

waren die ersten Infanteriekasernen, die in Preußen errichtet wurden. In den beiden Kasernen waren etwa 250 Mann des I. und II. Bataillons untergebracht. In der Kaserne II gab es Wohnräume für einen Leutnant, einen verheirateten Feldwebel und für den Kasernenwärter sowie zwei Werkstätten für Büchsenmacher, zwei Küchen, einen Mannschaftsspeisesaal und eine Wachstube für die Kasernenwache. Als Baumaterial dienten u.a. Abbruchsteine von der Stadtmauer, die man zuvor zwischen dem Mitteltorturm und dem Komödienhaus geborgen hatte. Die Stadt Prenzlau ist seit 1687 fast ununterbrochen Garnisonstadt.

# Prinzenstraße

Dieses Foto zeigt die 1964 in Geschwister-Scholl-Straße umbenannte Prinzenstraße um 1930. Sie führt vom Marktberg in südlicher Richtung bis zur Hospitalstraße und wurde dort durch die Straße Am Sternberg fortgeführt. Ursprünglich hieß sie Uckerstraße. Erst im 18. Jahrhundert erhielt sie die Bezeichnung Prinzenstraße, benannt nach dem Markgrafen Friedrich Heinrich („toller Markgraf"), der etwa ein Jahrzehnt im Haus 636 in dieser Straße eine Wohnung unterhielt. 1950 wurde sie zusammen mit der Klosterstraße in Straße der Jugend und 1964 in Geschwister-Scholl-Straße umbenannt. Die in Großplattenbauweise ausgeführte Wohnbebauung erfolgte 1969, etwa zeitgleich mit der Bebauung der Schulzenstraße. Ende der 1960er-Jahre waren in Prenzlau noch über 1.300 Wohnungssuchende registriert.

2021 wurde die 260 Meter lange Geschwister-Scholl-Straße komplett neu gestaltet. Mit dem Ausbau der Straße entstanden 106 neue PKW-Stellplätze für Mieter und zehn öffentliche Parkplätze. Weiterhin erneuerte man die Straßenbeleuchtung, die Gehwege, die Leitungen für Trinkwasser, Gas und Elektro sowie den Regenwasserkanal. Die Gesamtkosten der Baumaßnahme betrugen 1.370.000 Euro. Davon wurden 700.000 Euro aus zwei Förderprogrammen bereitgestellt.

# Kupferschmiedegang

Der ursprüngliche Kupferschmiedegang reichte vom Marktberg (bzw. der Wittstraße) in südlicher Richtung entlang der Stadtmauer bis zur ehemaligen Komödienstraße (östlich des Warmbades) und wurde vom Uckerwiek weitergeführt. Der Name Kupferschmiedegang lässt darauf schließen, dass hier die Mitglieder der Kupferschmiedezunft ihre Werkstätten und Wohnhäuser hatten. Am Kupferschmiedegang befand sich der im 13. Jahrhundert zur Betreibung der Mühlen angelegte Mittelgraben, der noch vor dem Kuhtor in die Altstadt in Richtung Lohmühle führte, von wo aus er durch eine Öffnung in der Stadtmauer in nördliche Richtung abfloss. Nachdem der Wasserspiegel erheblich gesunken und der Mittelgraben schon zum Teil ausgetrocknet war, was zu einer erheblichen Geruchsbelästigung führte, verrohrte man ihn 1934/36 und schüttete ihn anschließend allmählich zu. Diese Entscheidung

wurde auch getroffen, da die Mühlen nicht mehr bestanden und der Graben als Vorfluter für die Entwässerung infolge der Kanalisation nicht mehr gebraucht wurde. 1945 brannte die alte Wohnbebauung gänzlich nieder. Etwa in der Mitte des Kupferschmiedeganges führte damals die inzwischen überbaute Straße Rosengarten in Richtung Prinzenstraße. Auf dem Foto (S. 30) ist die Einmündung dieser Straße hinter dem ersten Wohnhaus (rechts) noch zu erkennen. 2006 wurde mit ca. 410.000 Euro Fördermitteln und ca. 66.000 Euro Eigenmitteln der Stadt der Kupferschmiedegang im Bereich zwischen Warmbad und Mitteltorturm neu gestaltet. Damit ist es gelungen, den Stadtmauerrundweg weiter zu komplettieren.

# Königstraße mit Lutherdenkmal

Die hier auf einer kolorierten Postkarte um 1910 dargestellte Königstraße (heute Straße des Friedens) führt von der Dr.-Wilhelm-Külz-Straße in südlicher Richtung zum Marktberg. Hinter dem Kandelaber ist die Einmündung der Schulzenstraße zu erkennen. Im 16. und 17. Jahrhundert führte die Königstraße noch den Namen Judenstraße, was auf eine verstärkte Konzentration jüdischer Bewohner in diesem Bereich schließen lässt. Als sich der erste Preußenkönig Friedrich I. im August 1704 anlässlich einer Schwanenjagd in Prenzlau aufhielt, übernachtete er im Haus Judenstraße 172. Für die Bürger der Stadt stellte die Anwesenheit ihres Königs einen großen gesellschaftlichen Höhepunkt dar, sodass sie nur wenige Monate später den Antrag stellten, ihr Wappen ändern zu dürfen. Etwa zeitgleich benannten

sie auch die Judenstraße in Königstraße um. Doch der neue Straßenname setzte sich nur zögerlich durch. Noch bis 1840 bezeichnete man die Straße vorzugsweise als Poststraße oder (nach Verlegung der Post im Jahr 1804) Alte Poststraße. Erst 1840 wurde der Name Königstraße auch amtlich eingeführt. 1950 wurde diese Straße in Straße des Friedens umbenannt. Ein großer Teil der nach 1990 sanierten Wohnbebauung wurde zwischen 1953 und 1955 errichtet. Das auf der historischen Postkarte zu erkennende Lutherdenkmal ist eine Kopie des in Worms stehenden Standbilds. Es wurde von dem Prenzlauer Bürger Witt finanziert und in der Kunstgießerei Lauchhammer gegossen. Nachdem man es am 31. Oktober 1903 feierlich auf dem Marktplatz enthüllt hatte, wurde es 1936 an seinen heutigen Standort umgesetzt.

# Königstraße mit Mohrenapotheke

Die im Zentrum des Bildes zu sehende Marienkirche entstand bald nach der Stadtgründung als Hauptpfarrkirche der Stadt. Sie ist die erste Hallenkirche Norddeutschlands östlich der Elbe und zählt zu den bedeutendsten gotischen Backsteinkirchen Norddeutschlands. Nach ihrer Zerstörung in den letzten Kriegstagen des Zweiten Weltkrieges begann 1970 ihr Wiederaufbau. Zwischen 1234 und 1240 wurde der Vorgängerbau der Kirche errichtet, von dem die Untergeschosse des Westbaues noch erhalten sind. Der heutige Bau entstand in zwei Bauabschnitten und wurde 1340 fertiggestellt. Das Kirchenschiff ist 55 Meter lang, 28 Meter breit und 22 Meter hoch. Die beiden Türme waren ursprünglich etwa 90 Meter hoch, heute haben sie eine Höhe von 64 und 68 Metern. Der Nordturm erhielt seinen heutigen Abschluss im 16. Jahrhundert, nachdem er durch Blitzeinschlag und Brand zerstört worden war. Hinter

seinem Renaissancegiebel, dessen alte Schönheit wieder hergestellt ist, verbirgt sich eine alte Türmerwohnung. Der Südturm erhielt seine 1638 zerstörte Form durch einen 1666 errichteten Neubau zurück und wurde ganz mit Kupfer gedeckt. 1728 durch Brand abermals zerstört, trug er bis 1945 ein einfaches Satteldach.

Die hier ebenfalls (S. 34 am rechten Bildrand) zu sehende 1696 gegründete Mohren-Apotheke befand sich, verbunden mit einer Fabrik chemisch-pharmazeutischer Präparate mit „Kraftbetrieb“ und einem chemischen Laboratorium, in der Königstraße 141.

# Klosterstraße

Die Klosterstraße verbindet den Marktberg mit der Dr.-Wilhelm-Külz-Straße. Die südliche Hälfte der heutigen Straße entstand nach archäologischen Quellen frühestens im 15. Jahrhundert. Vermutlich trug sie aufgrund ergiebiger Quellen auf Höhe des Franziskanerklosters den Namen Springstraße, der 1576 erstmals im Zusammenhang mit anderen Prenzlauer Straßen genannt wird. Der nördliche Bereich der Straße konnte auf-

grund einer tiefen, moorigen Senke erst nach 1648 angelegt werden. Im 17. Jahrhundert wurde in dieser Straße die erste Ölmühle der Stadt auf dem Grundstück Nr. 28 errichtet. Nach dem Niedergang der Mühle entstand hier 1785 ein stattliches Wohnhaus, das von 1796 bis 1935 von der 1796 in Prenzlau gegründeten Freimaurerloge „Zur Wahrheit" genutzt wurde. 1853 erwarb die Loge das Gebäude und stockte es um eine Etage auf. In der Klosterstraße 40 betrieb Wilhelm Filter eine Sattelbaufabrik, von denen es in Deutschland 1939 nur noch sieben Fabriken gab. 1950 erhielt die Straße zusammen mit der Prinzenstraße den Namen Straße der Jugend, bevor sie 1992 wieder in Klosterstraße rückbenannt wurde. Ein großer Teil der heutigen Wohnbebauung entstand zwischen 1953 und 1955. Allein im Jahr 1954 wurden 34 Wohnungen in dieser Straße gebaut. 1987 wurde hier im Beisein des Ministers für Bauwesen der DDR, Wolfgang Junker, und des 1. Sekretärs der SED-Kreisleitung, Kurt Guter, der Grundstein für einen Wohnblock in Plattenbauweise gelegt.

# Klosterstraße mit Prinzenpalais

Auf diesem um 1930 entstandenen Foto ist die Hofansicht vom ehemaligen Prinzenpalais zu sehen. Von 1799 bis 1802 ließ der Chef des Infanterie-Regiments Nr. 12, Prinz Friedrich Wilhelm von Braunschweig-Oels, auf dem Gelände des ehemaligen Franziskanerklosters ein Palais bauen. Prinz Friedrich Wilhelm von Braunschweig-Oels befehligte das Regiment von 1799 bis 1806. Dem Zeitgeschmack folgend wurde das für Wohn- und Repräsentationszwecke bestimmte Gebäude relativ schlicht errichtet. Nach dem Tod des Prinzen richtete man im Palais Mietwohnungen ein. Von 1827 bis 1840 war hier die Post und ab 1854 die Stadtschule I untergebracht, wo 1885 insgesamt 489 Knaben und 569 Mädchen unterrichtet wurden. In der

Zeit der Weimarer Republik zeigten sich erhebliche Mängel am Gebäude. Von Juli 1929 bis September 1930 gelang es trotz der Auswirkungen der Weltwirtschaftskrise, weitere Baumaßnahmen umzusetzen, die auf Plänen von Stadtbaurat Brack basieren. Nach der Zerstörung des Palais im April 1945 kam es zu einer Neuerrichtung des Gebäudes, in dem sich bis Sommer 2008 die Allgemeine Förderschule „Max Lindow" befand. Von 2010 bis März 2013 wurden hier von der Wohnungsgenossenschaft umfassende Umbauarbeiten für die Einrichtung von Gewerberäumen und Wohnungen durchgeführt.

# Klosterstraße mit Töchterschule

Die Töchterschule, deren Errichtung die Stadtverordnetenversammlung 1822 beschloss, wurde zunächst im Pfarrhaus von St. Marien untergebracht. Als sie 1823 mit dem Lehrbetrieb begann, wurden hier 48 Schülerinnen von zwei Lehrkräften unterrichtet. Am 3. August 1831 wurde in der Klosterstraße der Grundstein für ein eigenes Schulgebäude gelegt, das am 3. August 1833 seiner Bestimmung übergeben werden konnte. Das Foto zeigt die für 10.766 Taler errichtete Töchterschule um 1930. Der Etat der Einrichtung, die anfangs für 70 Schülerinnen konzipiert war, bestand aus Mitteln der Mühlmannschen Stiftung sowie aus kommunalen Mitteln. 50 Reichstaler stellte die preußische Regierung zur Unterhaltung der Anstalt zur Verfügung. Mitte des 19. Jahrhunderts wurden hier bereits über

200 Schülerinnen, die in vier Klassen aufgeteilt waren, von vier Lehrern beschult. Das monatlich zu zahlende Schulgeld betrug 15 Silbergroschen. Im Winterhalbjahr 1874/75 gab es an dieser Schule 270 und 1885 bereits 279 Schülerinnen. 1909 wurde die Töchterschule mit einer seit 1846 bestehenden höheren Privat-Mädchenschule als städtische Schule vereinigt. Nach 1912 trug sie dann die Bezeichnung Lyzeum. Bis 1920 stieg die Schülerzahl an dieser Einrichtung auf 576 an. Nachdem das Lyzeum 1925 zu einem Oberlyzeum umgewandelt worden war, zog es in das Gebäude des geschlossenen Lehrerseminars in der Grabowstraße ein. Das alte Schulhaus in der Klosterstraße, das im April 1945 zerstört wurde, diente fortan als Berufsschule.

# Marienkirchstraße

Die um 1235/40 entstandene Marienkirchstraße befindet sich an der Nordseite der Marienkirche und verbindet heute die Straße des Friedens (ehem. Königstraße) und die Klosterstraße miteinander. Im 18. Jahrhundert wurde sie Pelzerstraße genannt. Das im Vordergrund in unmittelbarer Nähe des Westwerkes der Marienkirche zu sehende Haus entstand in der zweiten Hälfte des 19. Jahrhunderts etwa an der Stelle, an der sich zuvor seit 1573 das früher auch als Lutherische Schule bezeichnete Gymnasium (Lateinschule) befunden hatte. Als das Schulhaus 1841 wegen Baufälligkeit aufgegeben und wenige Jahre später abgetragen wurde, bezog die Schule ihren bis dahin fertiggestellten Neubau in der Lindenstraße (heutige

Max-Lindow-Schule). An der Ecke Marienkirchstraße/Klosterstraße eröffnete Oberbürgermeister Busch am 1. Juli 1823 im Haus des Diakons eine Bürger-Töchterschule, die 1833 in die Klosterstraße verlegt wurde (vgl. S. 40). Als die Bürger-Töchterschule mit dem Lehrbetrieb begann, wurden hier 48 Schülerinnen von zwei Lehrkräften unterrichtet. Bis 1830 sollte sich die Zahl der Schülerinnen auf 154 erhöhen. Mitte des 19. Jahrhunderts waren es bereits über 200 Schülerinnen, die hier in vier Klassen von vier Lehrern beschult wurden.

Die heutige Wohnbebauung der Marienkirchstraße entstand zwischen 1953 und 1955. Die Grundstücke kaufte die Genossenschaft 2004 an und begann noch im selben Jahr mit der Sanierung. Die 110 Meter lange und sechs Meter breite Straße wurde 2021/22 für 1.025.000 Euro grundhaft ausgebaut, sodass sich die Zahl der Parkplätze von 15 auf 27 erhöhte.

# Wilhelmstraße mit Jakobikirche

Diese etwa 1910 entstandene handkolorierte Postkarte zeigt die Wilhelmstraße von der Ostseite. Die etwa um 1250 mit Schotter befestigte Straße erstreckt sich von der Baustraße am Stettiner Tor bis zur Stadtmauer vor der Katholischen Kirche. Im Mittelalter trug sie die Bezeichnung Strohstraße und führte über das Kuhtor zum Kuhdamm, wo sich die Wiesen und Weiden befanden. Auch dieser Straßenname spricht dafür, dass Prenzlau im Mittelalter eine Ackerbürgerstadt war. Nach dem Besuch Friedrich Wilhelms III. (1797–1840) wurde dieser Straßenzug in Wilhelmstraße und die Butterstraße in Friedrichstraße umbenannt, sodass sich beide Straßenzüge auf den Namen einer Person beziehen. 1908 wurde die Wilhelmstraße zusammen mit der Friedrichstraße für 42.852,72 Mark neu gepflastert. Gleichzeitig konnten auch die Bürgersteige für 14.248,83 Mark neu angelegt werden. 1950 wurde die Wilhelmstraße

in Dr.-Wilhelm-Külz-Straße umbenannt. Die am linken Bildrand zu sehende Kirche ist ein flachgedeckter Feldsteinbau aus der Mitte des 13. Jahrhunderts. Der alte Altar wurde 1585 in Prenzlau gefertigt. Die östlich an die Nordkapelle anschließende kreuzrippengewölbte Sakristei entstand Ende des 15. Jahrhunderts. 1757 erhielt der Kirchturm nach mehreren Zerstörungen und Umbauten einen barocken Abschluss. Eine wesentliche Umgestaltung erfuhr die Kirche 1937 zur Wirkungszeit von Superintendent Carl Nagel. 1945 brannte das Gotteshaus völlig aus. Nach dem Wiederaufbau um 1960 wurde die Turmhalle zum Altarraum umgestaltet. Der Turmabschluss ist noch nicht wieder hergestellt.

# Ecke Wilhelm- und Königstraße

Dieses Foto zeigt die Wilhelmstraße (heute Dr.-Wilhelm-Külz-Straße) von der Westseite zusammen mit der Einmündung der Königstraße (heute Straße des Friedens). Auch diese Straße wurde im April 1945 fast vollständig zerstört. Am 24. April schlug hier neben dem Haus des Superintendenten eine Bombe ein. Eine Frau wurde dabei getötet. Ein Granatsplitter durchschlug das Bett des Superintendenten. Kaufmann Hermann Pifrement, der sich am 27. April in Prenzlau aufhielt, berichtete später, dass er versucht habe, sein Geschäft, dass sich an der Ecke Friedrich-/Wilhelmstraße befand, zu retten. Ein russischer Offizier sei

zusammen mit mehreren Soldaten bei ihm eingedrungen, habe überall Benzin verschüttet und das Geschäftshaus angezündet. Angeblich gab es den Befehl, dass alle Eckgebäude abgebrannt werden sollten. Pifrement versuchte noch verzweifelt, das schnell um sich greifende Feuer mit Salz und Zucker aus den Ladenbeständen zu löschen, wurde aber von den Rotarmisten mehrmals und rigoros daran gehindert und aus dem brennenden Laden gejagt. Er floh schließlich nach Klinkow zu seiner Familie, wie der Lokalhistoriker Wilhelm Zimmermann (Hamburg) berichtet.

# Kuhdamm mit Königstor

Dieses Foto zeigt den alten Kuhdamm (heute Neubrandenburger Straße) zusammen mit dem Kuhtor (späteres Königstor) kurz vor dem 1877 erfolgten Abriss. Im selben Jahr wurde aus verkehrstechnischen Gründen auch das Berliner Tor am Ende der Neustadt abgetragen. Der Betrachter des Bildes schaut von Westen durch das Stadttor auf die Wilhelmstraße. Das Kuhtor befand sich etwa auf der Höhe der 1890 bis 1892 errichteten Katholischen Kirche. Durch dieses Tor wurde das Vieh der Ackerbürger über den Kuhdamm auf die Wiesen getrieben. Ganz in der Nähe des Tores befand sich der „Dittenplatz", der Melkplatz, der in der Überlieferung auch als „Tittenplatz vor dem Kuhtor" erscheint.

Der Kuhdamm ist die westliche Verlängerung der ehemaligen Wilhelmstraße und bildet die Ausfallstraße nach Woldegk und Neubrandenburg. Die ganze Gegend hieß allgemein bis Ende des 19. Jahrhunderts Neubrandenburger Vorstadt, dann wurde der Name Neubrandenburger Straße eingeführt. 1914 wohnten in dieser vom Hochwasser mehrfach heimgesuchten Straße noch etwa 840 Personen. Durch das Überlaufen des Mühlenstroms bei Mühlhof stand das ganze Bruchgelände häufig unter Wasser, sodass Ställe einstürzten und Anwohner ihre Häuser verlassen mussten. Ende des Jahres 1937 und im Jahr 1941 wurde der Kuhdamm erneut überflutet. 2006 wurde die Straße auf einer Länge von 776 Metern mit einer neuen Schwarzdecke überzogen, wobei man auch die Straßenbeleuchtung erneuerte.

# Baustraße mit Stettiner Torturm

Die Baustraße erstreckt sich heute vom Stettiner Tor bis zur Ecke Grabowstraße, wo sie in die Schwedter Straße übergeht. 1971 wurde die Straßenführung verändert, um die Baustraße direkt an die Schwedter Straße anzubinden. Mitte des 13. Jahrhunderts wurde die Straße, die damals noch durch den Torturm verlief, mit einem Bohlenweg befestigt. Mitte des 16. Jahrhunderts taucht die Bezeichnung Bauer- bzw. Baustraße erstmals auf. Sie deutet auf die hier ansässigen Ackerbürger hin, die auf ihren Hinterhöfen Stallanlagen besaßen. Auf der linken Seite ist vor dem Stettiner Torturm die von Karl Grabow 1863 errichtete Malzfabrik zu sehen. Sie beschäftigte 1939 noch zehn Personen. Hergestellt wurde hier u.a. Malz für Malzkaffee und Malz für die Brauereien. Vor 1919 belieferte die Prenzlauer Malzfabrik auch die deut-

schen Kolonien mit Malz. Die Fabrik besaß massive Kellerräume. Hier hatten im April 1945 etwa 50 Prenzlauer Schutz gesucht. Die Fabrik wurde zusammen mit der Wohnbebauung der Straße durch die Brandlegung der Sowjetsoldaten schwer zerstört. 1950 wurden die Baustraße und die Stettiner Straße in Leninstraße umbenannt, bevor man der ehemaligen Baustraße 1964 die Bezeichnung Georg-Littmann-Straße gab. 1992 erfolgte dann die Rückbenennung in Baustraße. Die Kreuzung, die heute die Baustraße mit der Dr.-Wilhelm-Külz-Straße, der Brüssower Allee und der Stettiner Straße verbindet, wird im Volksmund auch als Babett-Kreuzung bezeichnet, da sich hier das Friseurgeschäft „Babett" befindet.

# Baustraße mit Kreisgericht

Ein Ergebnis der Bürgerlichen Revolution von 1848/49 war der Wegfall der Patrimonialgerichtsbarkeit der Gutsherren, wodurch in den Kreisstädten Geschworenengerichte errichtet werden mussten. Die drei uckermärkischen Kreise Templin, Angermünde und Prenzlau sollten auch weiterhin zu einem Gerichtssprengel gehören. Das neue Schwurgerichtsgebäude sollte zusammen mit einer Gefangenenanstalt errichtet werden. 1851 kaufte das Königliche Kreisgericht das Gelände des ehemaligen Kämmerei-Bauhofes in der Baustraße 347 an. Bislang hatten die Gerichtsverhandlungen im Rathaus stattgefunden. Die Stadt Prenzlau verpflichtete sich, dem Staat für den auf Staatskosten auszuführenden Neubau eines Kreis- und Schwurgerichtsgebäudes sowie einer Gefangenenanstalt eine Baubeihilfe von 25.000 Taler in drei Raten zu zahlen. Damit sollte die Stadt von der bisherigen

Das auf dem Bild zu sehende Amts- und Landgerichtsgebäude wurde 1924/25 in der Korbstraße 2 als Erweiterungsbau für das bereits bestehende Kreisgerichtsgebäude errichtet. 1928 wurde ein massiver Abschlusspfeiler mit einem Mauerbogen von der Stadtmauer zum Amts- und Landgericht gebaut. Hinter diesem Mauerbogen befand sich bis nach 1990 eine Zwingeranlage für die Hundestaffel der Polizei.

# Mauerstraße mit Stettiner Torturm

Die Mauerstraße zweigt westlich von der Baustraße am Stettiner Torturm ab und endet nach der Überquerung des Durchbruchs und des Geländes der ehemaligen Lohmühle an der Katholischen Kirche bzw. der Dr.-Wilhelm-Külz-Straße. Im 19. Jahrhundert wurde die Straße Judendorf der Mauerstraße zugeschlagen. Um 1885 erscheint erstmalig die Bezeichnung Mauerstraße auf einem Prenzlauer Stadtplan.

Im Hintergrund des Bildes ist der Stettiner Torturm zu sehen, dessen untere Turmhälfte im 13. Jahrhundert errichtet wurde. Ein Zinnenkranz, der sich noch heute in der Mitte des Turmes abzeichnet, bildete damals den Abschluss. Die Tordurchfahrt führte direkt durch den Turm, war jedoch, wie ebenfalls noch sichtbar, etwa 1,5 Meter höher. Im 14. Jahrhundert wurde der quadratische Turm mit einem runden Turmaufbau erhöht. Dabei wurde der alte

Durchgang verschlossen und in den heutigen Straßenbereich verlegt. Feldseitig entstand ein Zwinger mit einem Vortor, das 1848 abgebrochen und durch eine Art Torbau aus Pfeilern in neogotischer Form ersetzt wurde, der jedoch ebenfalls bald verschwand. 1859/60 erfolgte die Öffnung der alten Toreinfahrt, durch die noch heute der Fußgängerstrom führt. Es entstand ein neues Torkontrollhaus sowie ein einfaches Gittertor mit Mauerpfeilern, welches jedoch schon 1874 wieder abgetragen wurde. Direkt an der Stadtmauer (Mauerstraße 811) wohnte der bekannte Mundartdichter Julius Dörr (1850–1930), dem an dieser Stelle eine Gedenktafel gewidmet ist.

# Mauerstraße mit Blick Richtung Am Durchbruch

Dieses um 1925 erstellte Foto zeigt die Mauerstraße in Richtung Am Durchbruch. In der Zeit der Industriellen Revolution nahm die Bevölkerungszahl in Deutschland erheblich zu. In Prenzlau kam es von 1801 (7.120 EW) bis 1902 (20.675 EW) fast zu einer Verdreifachung der Einwohnerzahl. Damit verbunden war auch ein erheblicher Wohnungsmangel, wodurch die Vorstädte und Außenbezirke der Städte permanent wuchsen. Genutzt wurden aber auch innerstädtische Bauplätze, wozu die Innenseite der Stadtmauer gehörte. Hier konnte man die Stadtmauer als bereits vorhandene Wand nutzen und kostengünstig bauen. Nachteilig erwies sich mit Sicherheit die vorhandene Enge und Beschattung, die durch die etwa neun Meter hohe Stadtmauer gegeben war. Aus diesem Grund wurden diese eher unattraktiven Bauplätze von weniger kapitalkräftigen Bürgern genutzt.

Unmittelbar vor dem Durchbruch befand sich das Herrmannsche Armenhaus, das 1893 in der Mauerstraße 59 errichtet worden war. Der 1793 verstorbene Kaufmann Joh. Peter Herrmann hatte sein gesamtes Vermögen zur Errichtung eines Armenhauses hinterlassen. Aufnahme sollten hier würdige und bedürftige ernährungsunfähige Personen beiderlei Geschlechts ohne Prenzlauer Bürgerrecht finden. Zusätzlich wurde den Insassen eine Geldunterstützung gewährt. 1930 gab es sechs Hospitalstellen. Das Haus brannte 1945 ab.

# Synagoge

Dieses Bild zeigt eine der wenigen überlieferten Ansichten der Prenzlauer Synagoge, die sich östlich der Wasserpforte, in der nach ihr benannten Tempelstraße, der heutigen Rodinger Gasse am Sternberg, befand. 1752 wurde die erste Synagoge an der Wasserpforte als schlichter Fachwerkbau fertiggestellt, den man bereits 1832 durch einen Neubau im einfachen Empirestil (klassizistischer Bau) mit hohen geteilten Rundbogenfenstern ersetzte. Zwischen den Fenstern befanden sich flache Säulenimitationen, die in der Höhe der Fenstersohlbank durch ein kräftiges Sockelprofil verbunden waren. Die Prenzlauer Synagoge wurde am Morgen des 10. November 1938 von den Nationalsozialisten abgebrannt. 1943/44 legte man hier einen Splitterschutzgraben an. Im Jahr 2003 wurden bei archäologischen Unter-

suchungen im Zuge der Platzgestaltung Fundamente der Synagoge und des Rabbinerhauses freigelegt. Dabei fand man auch einige verbrannte Gegenstände. Die Platzgestaltung mit den geschütteten Fundamenten führte 2004 zu einer kontroversen Diskussion in der Bürgerschaft, da der freie Blick auf den Sternberg, den man früher von der Wasserpforte aus hatte, nun nicht mehr existierte. Der für 212.000 Euro errichtete Platz, der im Grundriss die Sitzbänke der Synagoge und den Thoraschrein andeutet, wurde am 9. November 2004 offiziell übergeben. Die auf der Terrasse gepflanzten zehn Bäume (zehn Männer jüdischen Glaubens müssen für einen Gottesdienst anwesend sein) sollen den Verlust der jüdischen Gemeinde symbolisieren.

# Uckerwiek

Auf diesem um 1920 entstandenen Foto ist der Uckerwiek im Bereich der Darre zu sehen. Das auf dem ältesten überlieferten Stadtplan von 1722 als „bucklige Darre“ bezeichnete Gebäude beherbergt heute ein liebevoll geführtes Restaurant, das immer gut besucht ist. Der Uckerwiek erstreckt sich entlang der Stadtmauer vom Steintorturm bis zum ehemaligen Komödienhaus beim Warmbad, wo er im Kupferschmiedegang mündet. Die genaue Deutung des Namens „Wiek“ ist in der Fachwelt bis heute umstritten. Die Existenz der in diesem Abschnitt noch gut erhaltenen Wiekhäuser, von denen die im 13./14. Jahrhundert errichtete 2,6 Kilometer lange Stadtmauer ursprünglich 66 besaß, könnte namensgebend gewirkt haben. Die amtliche Bezeichnung Uckerwiek wurde erst Ende des 19. Jahrhunderts eingeführt. Einige

Abschnitte der seit dem 18. Jahrhundert entlang der Stadtmauer entstandenen Wohnbebauung haben den Zweiten Weltkrieg zusammen mit dem sich hier anschließenden Wohnquartier Am Sternberg relativ unbeschadet überstanden. Sie verfiel allerdings in den Jahren der DDR-Misswirtschaft mehr und mehr und ging bis 1990 schließlich fast vollständig verloren. 2003 konnte der für 230.000 Euro sanierte Stadtmauerbereich zwischen Uckerwiek und Wasserpforte der Öffentlichkeit übergeben werden.

# Wittstraße mit Mitteltorturm

Auf diesem in den 1920er-Jahren entstandenen Foto ist die früher von der Königstraße bis zum Mitteltorturm reichende Wittstraße zusammen mit der Heiligeist-Kapelle zu sehen. Die Straße wechselte mehrfach ihren Namen und wurde in der Vergangenheit als Heiligengeiststraße, Heilige-Geist-Gässchen, in den Ketzgenhagen (wie Haken oder Höker gleichbedeutend mit Kleinhändler), als Mühlenstraße, Mittelstraße und Marktberg bezeichnet. Am 25. September 1899, dem Tag der Enthüllung der von dem Mäzen und Ehrenbürger August Witt (1832–1910) gestifteten Denkmäler Bismarcks und Moltkes auf dem Marktplatz, erfolgte die Umbenennung in Wittstraße. 1950 wurde dieser Straßenbereich zusammen mit der Neu-

stadt und dem Neustädter Damm in Ernst-Thälmann-Straße umbenannt. 1992 erfolgte die Rückbenennung in Marktberg.

Der im 15. Jahrhundert errichtete Mitteltorturm erhielt 1928 seinen Anbau, der heute eine Pension beherbergt. Der Turm selbst findet sich als Nachbau in der 1894/95 errichteten Berliner Oberbaumbrücke wieder. Die Turmspitze soll, der mit einer Sage verbundenen Überlieferung nach, einen Raben tragen, der den Siegelring des Fürsten Pibislav im Schnabel hat. Bei genauerer Betrachtung fällt jedoch auf, dass es sich vermutlich eher um den askanischen Adler handelt, der hier den Turmabschluss bekrönt.

# Neustadt

Prenzlau bestand seit dem späten Mittelalter aus fünf Stadtvierteln, wobei die 1250 erstmals urkundlich erwähnte Neustadt den westlichen Teil der Stadt, der außerhalb der Stadtmauer lag, bildete. Um auch diesen Bereich zu sichern, wurden hier um 1250 Palisaden und ein weiteres Stadttor, das Neustädter Tor, errichtet. Ob die vermutlich 1160/70 gestiftete Sabinenkirche bereits da stand, wo sie heute steht, ist unsicher. Mit dem Mühlenstau 1235/45, bei dem der Uckerseespiegel um etwa zwei Meter angehoben wurde, haben sich die Baugrundverhältnisse in der Neustadt vollständig verändert. Das Neustädter Tor, das 1730 in Berliner Tor umbenannt und 1877 zusammen mit dem Kuhtor abgerissen wurde, sollte die wichtigen Stauanlagen, die Mühlen und die Häfen am Uckersee und den Uckerfluss schützen.

Zu den ältesten Häusern in der Neustadt dürfte das Gasthaushospital gehört haben, das hier 1337 errichtet worden war. Es trug später die Hausnummer 763. Neben diesem Hospital-Grundstück erbauten die Gebrüder Arnheim 1859 eine erste mit einer Dampfmaschine angetriebene Mühle. Auf dem Foto ist das Werbeschild „Uckermärkische Dampfmühle G.m.b.H." gut zu erkennen. Heute beherbergt das Gebäude die Stempelfirma Büttner. 1950 wurde die Straße Neustadt zusammen mit der Wittstraße in Ernst-Thälmann-Straße umbenannt. Ihre Rückbenennung erfolgte dann bald nach der Wende.

# Neustadt mit Kettenhaus

Im Jahr 1710 sperrte man die Neustadt von der Altstadt komplett ab, um die Ausbreitung der Pest zu verhindern, die im Haus Nr. 770 ausgebrochen war. Die letzten Palisadenreste, die einst die Neustadt umschlossen, verschwanden 1874 vollständig. Zwei Jahre später entstanden 1876 die Bürgersteige. Die heutige 580 Meter lange Straße Neustadt wird räumlich vom Mitteltorturm und dem im 18. Jahrhundert errichteten Mühlmannstift eingegrenzt, wo sich in westlicher Richtung der Neustädter Damm anschließt.

1867 eröffnete Eduard Kannengießer in der Neustadt eine Brauerei, die der Braumeister Leopold Singer 1919 als Uckermärkische Brauerei kaufte, um sie 1920 durch eine Limonadenfabrik zu erweitern. Nach der Wende stellte die Prenzlauer Brauerei die Produktion

komplett ein. Die Brauereigebäude wurden von der neuen Besitzerin Sabine Rothe aus Hamburg, abgesehen von dem zu einer Gaststätte umgebauten Gewölbekeller, Anfang Juli 1995 abgerissen. Zum Areal der Brauerei gehörte auch das um 1700 errichtete Kettenhaus in der Neustadt 698b (heute Nr. 39), das ursprünglich der Familie von Schlippenbach gehörte. Es ist auf beiden Bildern jeweils am rechten Bildrand zu erkennen. Nachdem der Abriss bereits beschlossene Sache war, kaufte Thomas Müller, Geschäftsführer der Denkmalpflege GmbH Prenzlau, das Haus 2014 an, um es anschließend denkmalgerecht zu sanieren.

# Schleusenstraße

Auf dieser kolorierten Postkarte (um 1910) ist der Blick von der Schleusenstraße auf die Bebauung der Neustadt festgehalten. Die etwa 90 Meter lange Schleusenstraße ist eine kurze Verbindungsstraße zwischen der Uckerpromenade und der Neustadt. Sie verläuft unmittelbar westlich des Priestergrabens (dortige Bezeichnung für die Ucker). Ursprünglich hieß sie Küterstraße, weil es hier ein Schlachthaus (Küterei) gegeben hatte. Bei den archäologischen Untersuchungen wurden zahlreiche Tierknochen und andere Abfälle des Schlachthauses geborgen. Bis 1884 war der westliche Bürgersteig noch nicht vorhanden.

Der Uckersee hatte im 19. Jahrhundert drei Abflüsse (Priestergraben, Ravitgraben, Mittelgraben) nach Norden. Der westliche liegt neben der Sabinenkirche und wird deswegen gewöhnlich Priestergraben genannt. Überliefert seien nach Hinrichs auch die Bezeichnungen das schmale Gräbchen und Napoleonskanal. Noch auf dem Stadtplan von 1722 führt er nicht bis zum Uckersee, erst 1744 erfolgte der Durchstich zum Uckersee im Bereich der heutigen Schleuse, um Überschwemmungen des Uckersees entgegenzuwirken. 2007 realisierte man einen grundhaften Ausbau der Schleusenstraße mit Natursteinen. Aufgrund der Fahrbahnbreite wurde diese Straße nach ihrer Sanierung zu einer Einbahnstraße erklärt.

# Neustädter Damm

Der auf diesem um 1938 entstandenen Foto zu sehende Neustädter Damm ist eine rund 1.100 Meter lange Straße, die von der Neustadt in Richtung Süden bis zum Abzweig der Güstower Chaussee führt (heutige B 109). Der 1373 erstmals schriftlich erwähnte Neustädter Damm entstand ab 1245 als Bohlenweg. Später wurde er 1825 und 1930/31 gepflastert. Ursprünglich hieß diese Straße nur Der Damm. Zur besseren Unterscheidung vom

Schwedter bzw. Kuhdamm nannte man ihn dann später Neustädter Damm und 1806 kurzzeitig auch Berliner Damm. 1950 wurde diese Straße zusammen mit der Wittstraße und der Straße Neustadt in Ernst-Thälmann-Straße umbenannt. Im Jahr 1880 zählte man hier insgesamt 49 Häuser. Am Stadtausgang schneidet der Höftgraben die Straße vor dem Abzweig nach Güstow. Die früher aus Holz bestehende Brücke wurde 1741 abgerissen und durch eine steingewölbte ersetzt, bevor man sie 1899 verbreiterte und 1954 eine Betonplattenbrücke errichtete. 1996 wurde der alte Pflasterbelag der Straße entfernt und durch Asphalt ersetzt. Baubegleitend wurden archäologische Untersuchungen durchgeführt. Dabei stieß man u.a. auf einen breiten mittelalterlichen Bohlenweg.

# Berliner Straße mit Kasernen

Die Berliner Straße (B 109) führt vom Abzweig der Güstower Straße bis zum Ortsausgang. Diese historische Postkarte zeigt eine der Kasernen, die hier 1936/37 entstanden. Am 21. Oktober 1937 bezog das Artillerie-Regiment Nr. 38 die fertiggestellten Unterkünfte an der Röpersdorfer Chaussee. Der Kasernenkomplex bestand aus den Kasernen A und C an der Südseite der Berliner Chaussee und einem Komplex B an der Nordseite, wo die B-Abteilung 2 (Beobachtungs-Abteilung 2) untergebracht war. An der Westseite des Röpersdorfer Weges befand sich das Schwere Artillerie-Rgt. 38 (motorisiert) mit der I. und II. Abteilung. Nach Kriegsausbruch wurde hier im Kasernenkomplex B das Offiziersgefangenenlager (OFLAG) II A eingerichtet, das zunächst polnische Offiziere aufnahm. Nach 1940 waren

vor allem belgische und vereinzelt auch Offiziere anderer Armeen untergebracht. Die Rote Armee besetzte nach ihrem Einmarsch in Prenzlau 1945 die Kasernen und verblieb hier bis 1991. Vor ihrem Abzug hatten Prenzlauer Bürger hier 1989 gegen die Neustationierung von Kampfhubschraubern demonstriert. Der Kreis Prenzlau richtete in einem Kasernengebäude ein Asylbewerberheim ein. Die Kreishandwerkerschaft zog mit einem Berufs- und Qualifizierungszentrum in drei Gebäude und einige kleinere und mittlere Handwerks- sowie Gewerbebetriebe bauten die Garagen zu ihren Firmensitzen um. Aus drei Gebäuden der ehemaligen Artilleriekasernen entstand eine moderne Schule mit einem Turnhallenneubau. Ein weiteres Gebäude wurde von der IG Frauen zum „Haus des Kindes" umgebaut.

# Waldgaststätte „Kleine Heide“

Diese Aufnahme zeigt die Waldgaststätte „Kleine Heide“ um 1930. 1861 entstand neben dem alten Forsthaus ein Gasthaus, das immer vom jeweiligen Förster gepachtet und betrieben wurde. Das Haus entwickelte sich zu einer Ausflugsgaststätte, die sich bald großer Beliebtheit erfreuen sollte. Ab 1863 fanden in der Gaststätte und im Biergarten regelmäßig Konzerte statt. In den 1930er- und 1940er-Jahren diente das Lokal für die Freizeitbetreuung der Garnisonangehörigen des Fliegerhorstes, die das Objekt von der Stadt gepachtet hatten. Bald darauf wurde das Gelände auch zur Unterbringung von

KZ-Häftlingen aus Ravensbrück genutzt, die beim Aufbau des Ausweichlagers für den Persönlichen Stab des Reichsführers SS (Heinrich Himmler) in Birkenhain eingesetzt waren. Etwa 30 bis 40 männliche Häftlinge waren hier in Zirkus- bzw. Möbelwagen untergebracht, bevor man die Häftlinge nach Hindenburg (Lindenhagen) verlegte. 1945 diente das Haus als Straßenkontrollposten, bevor nach mehreren Pächterwechseln 1951 der Gastwirt Braatz das Lokal übernahm. Von 1955 bis 1990 gehörte das Ausflugslokal der HO, bevor es wieder in städtischen Besitz überging. Im Jahr 1978 wurde das Lokal umfassend saniert. 1994 kaufte Familie Malingriaux die Gaststätte, die sie bis 1996 zu einem attraktiven Ausflugslokal ausbaute. 2004 übernahm Angelika Neblich das Objekt, bevor 2013 Cordula und Stefan Hermann die Gastwirtschaft erwarben.

# Stettiner Straße aus der Vogelperspektive

Diese Aufnahme von der Stettiner Straße entstand um 1910 vom Turm der Nikolaikirche. In der Bildmitte ist die alte Bebauung der Parkspitze zu sehen, die 1945 zerstört wurde. Links daneben erkennt man das Wohn- und Geschäftshaus der Familie Rehbock, das später in den Besitz der Familie Lucht überging. Am linken Bildrand ist das alte Landratsamt zu erkennen.

Die Stettiner Straße ist die Ausfallstraße in Richtung Pasewalk. Sie beginnt am Stettiner (Blindower) Tor und führt nordwärts zum Kreiskrankenhaus. Am Stadttor begann auch die bereits 1237 erwähnte Königstraße (Via Regia), die von Prenzlau über Baumgarten, Carmzow und Brüssow nach Stettin führte.

Bereits im 19. Jahrhundert entwickelte sich mit der Erweiterung der Stadt die Stettiner Vorstadt. 1927 wohnten in dieser Straße, die 1934 von der Kietzstraße bis zum Stettiner Torturm neu gepflastert wurde, 1.053 Einwohner. 1950 erfolgte die Umbenennung der Stettiner Straße und der Baustraße in Leninstraße. Noch vor dem Sommer 1961 wurde der Kreisverkehr an der Kreuzung Grabowstraße/Brüssower Straße wieder zurückgebaut. 1964 wurde die ehemalige Baustraße in Georg-Littmann-Straße umbenannt. Ein umfassender Ausbau der Stettiner Straße erfolgte 1996.

# Stettiner Straße mit Börsenhaus

Diese um 1910 entstandene kolorierte Postkarte zeigt auf der rechten Bildseite das alte Börsenhaus, das sich nördlich vom Stettiner Torturm befand. Anfang des 19. Jahrhunderts baute man in der Stettiner Straße, unmittelbar hinter der Wallanlage der Stadtmauer gelegen, ein Gartenlokal, das mehrfach umgebaut und vergrößert wurde. So errichtete man hier u.a. einen großen Tanzsaal, eine Kegelbahn und 1851 ein Sommertheater. 1865 entstand nach größeren Umbauarbeiten das Vergnügungslokal „Krügers Garten", in dem fortan, bis Anfang des 20. Jahrhunderts, viele Konzerte, Theateraufführungen und Bälle stattfanden. In den Wintermonaten gab es hier alljährlich vier bis fünf Monate lang regelmäßig nahezu jeden Abend Theateraufführungen. Während der Herbst- und Wintermonate fand hier ab 1876 alle 14 Tage eine Getreidebörse statt, die von den Gutsbesitzern und Bauern sehr lebhaft besucht wurde und erst 1914 einging.

In der Zeit des Ersten Weltkrieges errichtete man hier ein Reserve-Lazarett, bevor 1919 die Landwirtschaftliche Kreisgenossenschaft (LKG) das Grundstück übernahm. Nach 1945 wurde hier eine Maschinen-Ausleihstation (MAS) errichtet. Später wurde das Grundstück von der Getreidewirtschaft genutzt. In diesem Gebäudekomplex befand sich bis 1989/90 auch eine Nebenstelle der Staatsbank der DDR. 1995 wurde das Börsenhaus, welches nach der Wende u.a. von der Deutschen Bank genutzt wurde, zum Teil abgerissen und durch einen Neubau ersetzt. Am 1. August 1997 konnte im Turmcarré ein neues Einkaufszentrum eröffnet werden.

# Bebauung der Parkspitze

Der Prenzlauer Gustav Voss wurde als Essigfabrikant, Böttchermeister und Stadtverordneter (DDP) bekannt. Im Alter von 20 Jahren musste er nach dem Tod seines Vaters im Jahr 1875 die Leitung des Familienunternehmens übernehmen. Das Wohnhaus mit Böttcherei befand sich damals in der Kleinen Friedrichstraße 211/212. 1893 heiratete er Elise Müller, die 1919 als Elise Voss zur Stadtverordneten in Prenzlau gewählt wurde. Bereits um 1904 war die Familie mit vier Kindern in das Haus Friedrichstraße/Ecke Kleine Baustraße 255/255a gezogen. Hier wurden u.a. große Fässer für die Essigfabrik gebaut. Vom Gewinn der Firma ließ Gustav Voss in Prenzlau bis 1908 zehn große moderne Häuser errichten, u.a. in der Stettiner Str. 2, 3 und 4, der Schwedter Str. 20 und 21 sowie in der Friedrichstraße 225. 1912 war

das von ihm in Auftrag gegebene Eckhaus Grabowstraße 36/ Brüssower Str. 1 und 2 bezugsfertig. Auch die Wohnhäuser in der Grabowstraße 37, 38, 39 und 40 gehörten zum Familienbesitz. Fast alle seine Wohnungen verfügten über eine Zentralheizung und ein Bad.

Gustav Voß stand mit den Behörden sehr häufig auf Kriegsfuß, war in der Bevölkerung aber geachtet. Man kannte ihn nur unter dem Namen „Essigvoss". Er starb 1912 an Herzversagen. Die noch nicht fertiggestellten Häuser in der Brüssower Straße 1 und 2 sowie das Heidehaus Birkenhain ließ seine Frau beenden. Die Essigfabrik wurde 1912 verkauft und die Familie zog in das Haus Brüssower Straße 1. 1945 wurden beide Fabrikgebäude und die Bebauung der Parkspitze zerstört.

# Ecke Stettiner und Brüssower Straße

Auf dieser handkolorierten Postkarte, die um 1915 entstand, ist rechts das von Gustav Voss 1912 errichtete Eckhaus Grabowstraße 36/ Brüssower Straße 1 und 2 und links das von der Familie Rehbock in der Stettiner Straße 6 etwa zeitgleich errichtete Wohn- und Geschäftshaus abgebildet. Die Familie Rehbock, die hier eine Fleischerei und Wurstwarenfabrik betrieb, besaß in der Königstraße 134 eine Filiale. In den Adressbüchern von 1914, 1928 und 1935 wird Fleischermeister Hermann Rehbock als Inhaber der Fleischerei ausgewiesen. 1935 wird er als „Ehrenmeister" geführt.

Als die Familie Lucht 1953 nach Prenzlau kam, pachtete sie den Fleischerladen der Familie Rehbock, bevor sie das Grundstück um 1955 erwarb. 1976 wurde Bruno Lucht beschuldigt, illegale Geschäfte getätigt zu haben, worauf man ihn wegen Wirtschaftsvergehen zu drei Jahren Haft in Bautzen verurteilte. Damals führte der älteste Sohn Norbert den Familienbetrieb weiter. Als Bruno Lucht 1979 aus der Haft entlassen wurde, bekam er Berufsverbot. Ein Jahr später übernahm der Sohn Eckhard Lucht den väterlichen Betrieb, der damals zehn Angestellte hatte und einen Jahresumsatz von 1,8 Millionen Mark erwirtschaftete. In einer Woche wurden etwa fünf Rinder und 120 bis 140 halbe Schweine verarbeitet. Bruno Lucht starb 1990 in Prenzlau. Einige Jahre später wurde das Geschäft aufgegeben, nachdem auch Eckhard Lucht 2012 mit nur 55 Jahren gestorben war.

# Stettiner Straße mit Landratsamt

Auf dieser historischen Postkarte, die um 1910 entstand, ist die Stettiner Straße zusammen mit dem Landratsamt abgebildet. Es wurde von dem Berliner Architekten Doflein entworfen und nach einer etwa dreijährigen Bauzeit 1888 eingeweiht. 1920 wurde im Keller eine Stahlkammer mit Nebenräumen eingebaut. Sie war 5,05 Meter mal 5,43 Meter groß und diente der Kreissparkasse als Tresorraum. Am 18. Januar 1924 zerstörte ein Brand das gesamte Dachgeschoss des Kreishauses. Der im Februar 1925 abgeschlossene Wiederaufbau erfolgte nach Plänen des bekannten Architekten Prof. Dr. Kuhlmann aus Charlottenburg. In den letzten Apriltagen 1945 wurde die Dachetage des Kreishauses erneut stark zerstört. Nach dem Wiederaufbau zogen hier die Kreisverwaltung und die Sparkasse ein. Noch bis 1994 war

in diesem Gebäude die Kreisverwaltung untergebracht. Erst nach der Großkreisbildung 1993 zog die Kreisverwaltung 1994 in den umgebauten Kasernenkomplex in der Karl-Marx-Straße, wo sie auch heute noch ihren Sitz hat. Da dort jedoch nicht die gesamte Verwaltung Platz hatte, verblieben Grundsicherungs- und Sozialamt im alten Kreishaus. Bis 2004 gab es im Erdgeschoss eine Zweigstelle der Sparkasse. Heute wird auch dieser Bereich als Empfangsbereich von den Ämtern genutzt.

# Ecke Stettiner Straße und Kietzstraße

Dieses Foto zeigt die Stettiner Straße/Kietzstraße mit dem Wohn- und Geschäftshaus des Kaufmanns Friedrich Kleinschmidt (Stettiner Str. 36). 1935 war hier noch die Firma Edeka-Großhandel Prenzlau e.G.m.b.H. ansässig, bevor das Gebäude von der Kreisleitung der NSDAP in Anspruch genommen wurde. Während die Nationalsozialisten im Kreis Prenzlau bei der Reichstagswahl 1928 gerade einmal 998 Stimmen erhielten, erlangten sie bei der Reichstagswahl am 5. März 1933 bereits 20.033 von 34.201 Stimmen. Die Einweihung des Gebäudes der Kreisleitung der NSDAP erfolgte am 28. April 1935 anlässlich der ersten Kreistagung der NSDAP in Prenzlau. Unter den Ehrengästen befanden sich Regierungspräsident Dr. Fromm, Gauleiter Kube und Landesdirektor von Arnim.

1945 wurde das Gebäude zerstört. Lange Zeit blieb die Fläche unbebaut, wurde als Parkplatz genutzt, bevor der Unternehmer Marius Eriksen hier ein neues Wohnhaus errichten ließ, das am 27. Juni 2001 übergeben werden konnte und sich seit 2022 im Eigentum der Wohnbau GmbH Prenzlau befindet. Das auf dem Foto am rechten Bildrand zu erkennende Gebäude gehörte ursprünglich dem Bäckermeister Schwandt, dann Patzdyker und Riekhoff und nach 1990 für einige Jahre Horst Theil, der das vom Krieg zerstörte Haus wieder aufstocken ließ und hier einen Friseur- und Kosmetikladen eröffnete. Heute befindet sich das Haus im Besitz der Familie Eriksen.

# Bahnhof

Der Prenzlauer Bahnhof wurde im Jahr 1863 errichtet. Das zweigeschossige, in Klinkerbauweise mit 13 Fensterachsen errichtete Stationsgebäude enthielt im Erdgeschoss die Diensträume für den Eisenbahnbetrieb, zwei Wartesäle (einer für die Klassen 1 und 2 und ein weiterer für die Klassen 3 und 4) und ein Zimmer, „welches der Postverwaltung für Fälle des Bedürfnisses abgelassen ist". Das für damalige Verhältnisse sehr modern errichtete Empfangsgebäude verfügte auch über eine Telegraphen-Uhr, die die Richtzeit für alle anderen öffentlichen Uhren der Stadt lieferte. Bis 1893 wurden auf dem Prenzlauer Bahnhof ein- und ausfahrende Züge mit einem Geläut angekündigt. Nachdem 1897 die Bahnsteigüberdachung

mit ihren heute noch erhaltenen gusseisernen Säulen entstanden war, erhielt das Gebäude 1933 am Haupteingang ein auf massiven Säulen ruhendes Vordach mit einer neuen Treppenanlage. 1945 wurden sowohl das Bahnhofsgebäude als auch die Stellwerksanlage durch einen Brand stark zerstört. Erst in den Jahren von 1946 bis 1948 konnte die Stellwerksanlage und 1950/51 das Bahnhofsgebäude instand gesetzt werden. 1958 gelang es im Rahmen des Nationalen Aufbauwerkes, die Wartehalle am Bahnhof zu erneuern. Weitere Umbau- und Renovierungsarbeiten folgten 1967. Im November 2009 begann die Sanierung der Bahnhofshalle, die für 230.000 Euro modernisiert wurde. 2010 nutzten täglich etwa 1.000 Reisende den Prenzlauer Bahnhof als Abfahrts- und Ankunftsort. 2012 wurden ein neuer Tunnel und Parkplatz übergeben. Zum 1. Januar 2023 ging das Bahnhofsgebäude in den Besitz der Stadt über.

# Ecke Stettiner Straße und Winterfeldtstraße

Im 19. Jahrhundert gab es in der Stettiner Vorstadt noch zahlreiche Scheunen, die nach und nach von massiven Wohnhäusern verdrängt wurden. So gehörte das ehemalige Scheunen-Grundstück Stettiner Straße 32, das in der linken Bildhälfte zu sehen ist, bis 1844 dem Ackerbürger Lemke, der es dann an Friedrich Bertram veräußerte. 1876 ließ der neue Besitzer Kreisgerichtsrat Alisch hier ein massives Wohnhaus errichten, das erst 1887 ein Badezimmer erhalten sollte. Der neue Eigentümer, Rittergutsbesitzer Wölle aus Dedelow, der auch noch 1938 als Eigentümer genannt wird, ließ 1917 und 1920 weitere bauliche Veränderungen durchführen. Dazu gehörten u.a. ein neues Treppenhaus und eine Veranda. Nach 1990 zog das Amt Prenzlau Land in dieses Haus. Nachdem dieses Amt aufgelöst worden war, erwarb die Familie

Eriksen das Gebäude, das heute verschiedene Büros und seit Juni 2022 auch den Uckermärkischen Geschichtsverein beherbergt.

Das auf dem Foto abgebildete Eckhaus auf der gegenüberliegenden Seite Winterfeldtstraße/Triftstraße 34 stand 1876 bereits. Es gehörte damals der Familie Mittelstädt. Später etablierte sich hier die Firma Schroeder & Kasten. Das kriegsbedingt zerstörte Haus wurde Ende der 1950er-Jahre von Emil und Frieda Barholz aufgebaut, die hier 1961 mit der „Oase“ ein Eiscafé eröffneten. Zuvor hatte sich ihre Kaffeestube (Eisdiele) in der Baracke Brüssower Straße 17 befunden. Nachdem Emil Barholz 1978 gestorben war, übernahm Inge Stensing die Eisdiele, die sie hier noch bis 2001 betrieb.

# Winterfeldtstraße

Bei dem Eckhaus im Vordergrund handelt es sich um das ehemalige Wohn- und Geschäftshaus Winterfeldtstraße 34, das damals dem Tischlermeister und Gastwirt Holz gehörte. Vorbesitzer des Grundstückes waren der Kunstgärtner Burmeister und der Malermeister Hermann Steinweg, der das Eckhaus 1909 errichten lassen hatte, das er dann 1913 an Holz veräußerte. Dieses Haus, in dem man 1941 noch einen Luftschutzkeller einrichtete, wurde 1945 zerstört und später abgerissen. Auf der Straße steht ein Fuhrwerk der Prenzlauer Molkereigenossenschaft, das die Einwohner mit Milch und Milchprodukten belieferte.

Die Winterfeldtstraße führt von der Stettiner Straße in westlicher Richtung zur Freyschmidtstraße. Bis 1885 hieß sie noch Kampweg, dann kurzzeitig Grüner Weg und ab 1910 zu

Ehren von Karl Ulrich Franz von Winterfeldt-Menkin, der von 1863 bis 1896 im Kreis Prenzlau als Landrat wirkte, Winterfeldtstraße. Winterfeldt, der auch viele Jahre als Reichstagsabgeordneter tätig war, wurde 1907 Alterspräsident dieses Gremiums. Die Stadt Prenzlau verlieh ihm 1888 anlässlich seines 25. Landratsjubiläums und gleichzeitiger Einweihung des unter seiner Leitung in der Stettiner Straße erbauten Kreishauses die Ehrenbürgerschaft, bevor er 1908 in Menkin starb. Sein Sohn war der spätere Landesdirektor der Provinz Brandenburg Joachim von Winterfeldt-Menkin (1865–1945), Ehrenpräsident des Deutschen Roten Kreuzes. 1927 wohnten in der Winterfeldtstraße 1.297 Einwohner. 1950 wurde sie in Pestalozzistraße und 1992 wieder in Winterfeldtstraße umbenannt. Die Neubebauung der Ecke erfolgte 1997.

# Ecke Winterfeldt- und Lessingstraße

Besitzer des Grundstückes Winterfeldtstraße 12 waren der Bauunternehmer Oswaldt (1896), Kaufmann Hermann Henning (1901) und Kaufmann Walter Schmidt (1920). Die Grundakte für dieses Haus beginnt 1896. Damals nannte man die Straße noch Am Grünen Wege. Die in Richtung Exer nach Norden abzweigende Straße hieß Neue Friedrichstraße und trägt heute den Namen Lessingstraße. 1896 verkauften die Gärtner Heinrich und Julius Burmeister dem Bauunternehmer Wilhelm Oswaldt das Grundstück, der hier 1896 ein massives Wohnhaus mit Ziegeldach errichtete. Im Erdgeschoss des Eckhauses wurde ein Laden eingerichtet. Auf dem Hinterhof entstanden noch im selben Jahr ein Stall und ein Abortgebäude. Nördlich von diesem Grundstück befand sich die Molkereigenossenschaft. Der neue Eigentümer

Hermann Henning vergrößerte 1912 den Laden, indem er eine Wand entfernen ließ, wodurch eine ehemalige Stube dem Ladengeschäft zugeordnet werden konnte. 1916 wurde das Grundstück an die Kanalisation der Stadt angeschlossen. 1920 erwarb der Kaufmann Walter Schmidt das Grundstück, das im April 1945 zerstört wurde.

Im Hintergrund erkennt man am rechten Bildrand das Grundstück Lessingstraße 12b mit dem Restaurant „Paradeplatz" und den dahinter liegenden Exer. 1938 wohnten in diesem Haus: Kaufmann Walter Schmidt als Eigentümer sowie Unteroffizier Max Becker, Molkereifachmann Anton Bruhin, Kraftfahrer Albert Friedrich, Buchhalter Herbert Koßatz, Arbeiter Gustav Meier, Steuersekretär Hermann Schnell, Rentenempfänger Agnes Schulze, kaufmännische Angestellte Elisabeth Strahl und der Regierungsbaumeister Josef Wigge.

# Lessingstraße

Dieses Foto wurde um 1915 von der Düppel-Straße bzw. dem alten Exer aus in Richtung Kietzstraße fotografiert. Im Hintergrund ist die Jakobikirche zu sehen. Am äußeren linken Bildrand erkennt man das heutige Grundstück der Tischlerei Blum (Winterfeldtstr. 10) und gleich dahinter das Eckhaus Winterfeldtstraße 49, das dem Malermeister Hermann Steinweg gehörte. Auf der von dort aus gesehen gegenüberliegenden Ecke befand sich das 1896 vom Kreisboten Hermann Kappelt errichtete Wohnhaus Winterfeldtstraße 48, das von 1909 bis 1919 im Besitz des bekannten Rechtsanwaltes und Lokalhistorikers Dr. Emil Schwartz war. Bei dem im Vordergrund auf der rechten Seite abgebildeten Eckhaus handelt es sich um das Grundstück Lessingstraße 12b, für das im Stadtarchiv keine Akten vorhanden sind.

Die Lessingstraße verbindet die Kietzstraße mit der Winterfeldtstraße und dem Exer (heute Thomas-Müntzer-Platz). Sie verläuft parallel zur Stettiner Straße. Der Namensgeber dieser Straße, Theobald Fedor Lessing, wurde 1816 in Görlitz geboren. Er studierte in Berlin, wirkte ab 1877 als Professor am Städtischen Gymnasium in Prenzlau, wo er über viele Jahre auch als Stadtverordnetenvorsteher tätig war. Er wurde 1892 pensioniert und starb 1900 in Prenzlau. In der Lessingstraße wohnten 1927 genau 144 Einwohner. 1972 entstand im südlichen Teil der Lessingstraße ein neuer Wohnblock für 32 Familien, wie die „Freie Erde" vom 16. Februar 1972 berichtet.

# Triftstraße am Exer

Auf dieser um 1915 entstandenen historischen Postkarte ist die ehemalige Bebauung der Ecke Trift-/Sedanstraße im Bereich des alten Exerzierplatzes (Stettiner Platz) zu sehen, der auch als Exer bekannt ist und der 1861 vom 64er Infanterie-Regiment übernommen wurde. Die Sedanstraße war eine nördlich vom Stettiner Platz verlaufende Straße, die bei ihrer Umbenennung 1950 dem Thomas-Müntzer-Platz einverleibt wurde. Die Triftstraße hieß zunächst Triftweg. Sie zweigt von der Stettiner Straße in nördliche Richtung ab. Die „Prenzlauer Zeitung" vom 8. April 1879 berichtete, dass bei der Aufschüttung des Triftweges die im Schweden-Grund vorhandenen Mauer- und Dachsteine verwendet werden sollten. 1927 wohnten in dieser Straße 226 Einwohner. 1935 wurden 350 Quadratmeter der Triftstraße für 2.234 Reichsmark mit Kleipflaster versehen. Die Neupflasterung dieser Straße erfolgte zwischen 1952 und 1956. 2005 wurden die um 1900 an der Ecke Triftstraße 17 bis 21 errichteten Spätgründerzeitbauten, die sich rechts von der Eckbebauung befanden, abgerissen. Dabei handelte es sich um 20 Wohnungseinheiten mit 1.099 Quadratmetern Wohnfläche, die sich im Eigentum der Wohnbau GmbH befanden. Nur ein Jahr später folgte 2006 der Abriss der Häuser 1 und 1a links von der Eckbebauung, sodass nur noch das Eckhaus Nr. 15 stehen blieb. Es wurde 1996 sogar noch für etwa 500.000 Euro saniert und 2012 abgerissen.

# Am Gas- und E-Werk

Diese historische Postkarte zeigt das Prenzlauer Gaswerk. Bereits 1858 entstand auf dem Gelände der Kietzstraße 7, wo später die Winterfeldtschule errichtet werden sollte, eine Gasanstalt. Das neue Gas- und Elektrizitätswerk wurde später am nördlichen Stadtrand in der Freyschmidtstraße errichtet. Grundsteinlegung und Baubeginn waren am 29. Februar 1908. Bereits am 7. Dezember 1908 erfolgten die ersten Gaslieferungen. Betriebsdirektor Falk schied am 9. Oktober 1908 aus dem Unternehmen aus. Sein Nachfolger wurde Betriebsinspektor Kleemann aus Malchin. Das

neu errichtete Gaswerk war für eine Jahresleistung von 1.500.000 Kubikmetern berechnet. Baubeginn für das E-Werk war der 18. Mai 1908. Am 13. Januar 1909 konnten die Dampfmaschinen ihre Arbeit aufnehmen. Am 27. Mai 1909 wurde zum ersten Mal überhaupt elektrischer Strom an private Haushalte geliefert. Die Baukosten für das E-Werk betrugen 261.804 Mark. Bis 1930 war die Stadt an eine Überlandzentrale angeschlossen, baute dann ein eigenes Werk, um eine Stromverbilligung zu erreichen. Damit konnten zugleich 30 neue Arbeitsplätze geschaffen werden. Der Strompreis betrug 1939 40 Pfennig je Kilowattstunde, mit Staffeltarif bis 12 Pfennig und für Nachtstrom 8 Pfennig. Am 1. Februar 1931 übernahmen die Stadtwerke die komplette Strombelieferung Prenzlaus. Heute befindet sich auf dem Gelände des alten Gas- und Elektrizitätswerkes der Firmensitz der Prenzlauer Stadtwerke, die die historischen Gebäude mustergültig saniert haben.

# Bergstraße

Die auf diesem um 1915 entstandenen Foto abgebildete Bergstraße verbindet die Friedhofstraße mit der Uckerpromenade. Sie verläuft in Ost-West-Richtung und bietet eine Sichtachse vom Friedhofsportal zur Seebadeanstalt. Der Bereich zwischen Bergstraße und Kurgarten wurde in der Mitte des 19. Jahrhunderts amtlich als Badeucker bezeichnet. 1892 wurde die Promenade zwischen Warmbadeanstalt und Bergstraße errichtet, sodass das Badeufer jetzt besser erreichbar war. Noch im selben Jahr gab es einige Erweiterungsbauten an der Badeanstalt, die man ab 1903 Volksbadeanstalt nannte. 1920 entstand für 356.000 Reichsmark eine Badeanstalt in einfacher Holzbauweise, die schon 1927/28 umgebaut wurde.

Die zum See hin stark abfallende 170 Meter lange Straße bestand ursprünglich aus einem Bohlenweg, bevor sie 1902/03 für 9248,22 Mark gepflastert wurde. Die hier vorhandene

attraktive Wohnbebauung entstand um 1900. Es wohnten hier 1916 insgesamt 199 und 1924 124 Personen. 1938 gab es in dieser Straße 12 Wohnhäuser. Die Häuser auf der Nordseite der Straße wurden 2004/05 saniert. 2010 erfolgte dann auch der grundhafte Ausbau der Pflasterstraße. Der Name Bergstraße stammt aus dem Volksmund und wurde dann 1903 amtlich übernommen bzw. eingeführt. An der oberen südöstlichen Straßenecke befand sich 1859 eine Bockwindmühle, die der Mühlenmeister Johann Wilhelm Buggert 1859 errichtet hatte und die dann später häufig den Besitzer wechselte, bevor sie schließlich am 27. Juli 1875 abbrannte. Als Grund dafür wurde Brandstiftung vermutet.

# Ecke Grabow- und Alsenstraße

Die auf dieser um 1910 entstandenen handkolorierten Postkarte abgebildete Grabowstraße wurde früher als Scheunenweg und 1894 kurzzeitig auch als Garnisonstraße bezeichnet. Unmittelbar an diesem Weg befanden sich die städtischen Lehmgruben. Die Grabowstraße verläuft von der Stettiner Straße in südlicher Richtung auf die Baustraße bzw. Schwedter Straße zu. Im Oktober 1894 benannte man die 1.025 Meter lange Straße nach dem Oberbürgermeister Carl Friedrich Grabow. Diese Namensgebung konnte die Wirren der Umbenennungen schadlos überdauern. 1916 wohnten in der Grabowstraße 220 Personen. Elf Jahre später waren es genau 147. Bereits 1881 wurde der Straßenteil vom Exerzierschuppen, dem heutigen Plenarsaal, bis zur Schwedter Straße gepflastert. 1936 folgte die Pflasterung mit Granitkleinpflaster von der Stettiner Straße bis zum Wasserturm. 1938 hatte die Grabowstraße 30 Grundstücke. Um die Kriegsschäden aus dem Zweiten Weltkrieg zu beseitigen, erfolgte 1955 eine erneute Pflasterung dieser Straße. Im Juli und August 2006 wurde die Eimündung zur Rosa-Luxemburg-Straße neu ausgebaut. 2010 erfolgte der Rad- und Gehwegausbau auf einer Länge von 380 Metern.

# Landarmen- und Korrigendenanstalt

Im Jahr 1797 wurde in Prenzlau die Uckermärkische Land-Armen-Anstalt eröffnet, die sich zu dieser Zeit vermutlich noch in den Räumen des Dominikanerklosters befand. Der Gebäudekomplex der Landarmen- und Korrigendenanstalt entstand ab 1841 in der Schwedter Straße, heute Am Steintor. Im 19. Jahrhundert bezeichneten Bettler und andere Insassen die Anstalt auch als „Graupenpalais", da eine kaum genießbare Graupensuppe als Hauptmahlzeit gereicht wurde. Zum Gebäudekomplex gehörten 1906: ein 1841 errichtetes Hauptgebäude für Männer

und Frauen (jetzige Diesterwegschule), ein 1846 gebautes Lazarett (auch als Uhrenhaus bekannt, jetzt Sitz des Bauamtes), ein 1866 errichtetes Inspektorenhaus (heutiger Sitz der Stadtverwaltung), ein 1882 errichtetes Waschhaus (jetzige Kantine) und ein weiteres Lazarett 1906/07 (heutiger Sitz des Kultur- und Bildungsamtes). Ferner gehörte zu dieser Anstalt, die jährlich bis zu 400 Personen aufnahm, ein als Arbeitshaus erbautes Gebäude am Seeweg. Dieses Arbeitshaus wurde ursprünglich als Fachwerkbau errichtet, bevor 1872 ein Neubau in Klinkerbauweise folgte. Das heute von der Diesterwegschule genutzte Gebäude erhielt als Kapelle einen großen Saal, der 1882 eingeweiht wurde. Nach 1945 nutzte man das Gebäude auch als Berufsschule. Nach 1990 begann man mit der Sanierung des Gebäudekomplexes, der die Stadtverwaltung beherbergt. Das Männerhaus wurde 2011 saniert, diente während der Landesgartenschau als Blumenhalle und wird seit 2014 vom Scherpf-Gymnasium genutzt.

# Schwedter Straße

Die auf dieser Postkarte um 1915 abgebildete Schwedter Straße, führt von der Ecke Grabow-/Baustraße in südöstlicher Richtung bis zur angrenzenden Angermünder Straße. Ursprünglich stellte sie eine Verlängerung der um 1240 angelegten Steinstraße dar und schloss direkt an das Steintor an. Ihr heutiger Verlauf im stadtnahen Bereich geht auf das Jahr 1837 zurück, als das Steintor weitgehend abgetragen und die Straße nördlich des Zwingers umverlegt wurde. Noch 1722 verlief die Straße in einem weiten Bogen bis zu 40 Meter nördlich ihres heutigen Platzes. An der Straße sind drei Lehmgruben überliefert, die noch bis ins

20. Jahrhundert hinein genutzt wurden. 1882 gab es gerade einmal 18 bebaute Grundstücke in dieser Straße. 1894 erfolgten die Regulierung und Pflasterung sowie die Anlegung eines Bürgersteiges. 1904 zählte man hier 695 Einwohner. 1916 waren es schon 780. Bevor diese rund 920 Meter lange Straße 1881 die Bezeichnung Schwedter Straße erhielt, nannte man diesen Abschnitt Schwedter Vorstadt und Vor dem Schwedter Tor. In der Zeit des „Dritten Reiches" wurde die Straße in Hermann-Göring-Straße umbenannt. 1947 erhielt sie die Bezeichnung Puschkinstraße, bevor sie 1992 wieder in Schwedter Straße rückbenannt wurde.

# Brüssower Straße

Die auf diesem Foto von etwa 1940 zu sehende alte Brüssower Straße verlief von der Stettiner Straße bis zur nordöstlichen Gemarkungsgrenze der Stadt. Bei dem Mädchen auf dem Fahrrad handelt es sich um Ingrid Pantel, geborene Heise, deren Vater ein Milchgeschäft in dieser Straße betrieb. 1927 wohnten in der Brüssower Straße 761 Einwohner. Ende der 1920er-Jahre errichtete die Gemeinnützige Wohnungsgesellschaft zu Prenzlau GmbH auf dem Scheunengelände der Schmidtschen Erben im Bereich Ecke Brüssower und Franz-Wienholz-Straße weitere Häuser. 1930 entstand dann unmittelbar gegenüber das sogenannte Handwerkerhaus mit 18 Wohnungen, das unter Mitwirkung von Stadtbaurat Wolfgang Brack projektiert wurde. Die Fassade erhielt Flachreliefs, die verschiedene Handwerkermotive zeigen, die von Willi Bagemihl geschaffen wurden. Eine russische Sprengbombe traf das Haus am 19. April 1945. 1994 wurde dieses Eckhaus unter Denkmalschutz gestellt, bevor man es 2010 umfassend modernisierte.

Am 20. Mai 1976 erfolgte die Umbenennung des Straßenabschnitts von der Dr.-Wilhelm-Külz-Straße über die neu errichtete Hochstraße bis zum Internat des Armaturenwerkes in Wilhelm-Pieck-Straße. Der Bereich zwischen der Leninstraße (heute Stettiner Straße) und der Einmündung der Hochstraße (heute Brüssower Allee) behielt seine alte Bezeichnung Brüssower Straße. Nach der Wende wurde die Wilhelm-Pieck-Straße in Brüssower Allee umbenannt. Der Abschnitt von der Grabowstraße bis zur Bahnlinie erhielt 2008 die Bezeichnung Dr.-Lena-Ohnesorg-Straße.

# Landwirtschaftliche Winterschule

Die Landwirtschaftliche Schule, auch Winterschule genannt, bestand vom 1. November 1907 bis 1. Oktober 1911 im alten Gaswerk in der Kietzstraße 7 und wurde nach der Errichtung eines Neubaus zum 1. Oktober 1911 in die Brüssower Straße (heute Brüssower Allee) verlegt. Die „Norddeutsche allgemeine Zeitung" berichtet, dass die Landwirtschaftskammer für die Provinz Brandenburg bei der Prenzlauer Kreissparkasse ein Darlehen von 80.000 Mark für den Neubau einer landwirtschaftlichen Winterschule in Prenzlau aufgenommen habe. Das Gebäude, ein roter Klinkerbau, der heute u.a. die Kreisvolkshochschule beherbergt, wurde im April 1945 zum Teil zerstört. 1949/50 erfolgte der Wiederaufbau der Landwirtschaftsschule für eine Plansumme von 20.000 DM. An der Kreislandwirtschaftsschule in Prenzlau wurden 1967 15 Facharbeiter, darunter auch zwei Frauen, ausgebildet, wie das „Neue Deutschland" am 28. September 1969 berichtet. In den 1980er-Jahren war

Dr. Joachim Benthin, der von 1994 bis 2002 als Landrat wirkte, an dieser Bildungseinrichtung in der Erwachsenenbildung tätig.

Westlich von der Landwirtschaftsschule entstand 1924 ein Mehrfamilienhaus für Beamte im Stil der modernen Gartenhausarchitektur. Das Haus mit seinen vier Wohnungen, die jeweils fast 120 Quadratmeter Wohnfläche haben, wurde 2017/18 von der Prenzlauer Wohnbau GmbH umfassend saniert.

# Chronik

| | |
|---|---|
| **1187/88** | Urkundliche Ersterwähnung der Stadt Prenzlau. |
| **1234/35** | Herzog Barnim I. von Pommern verleiht Prenzlau als erstem pommerschen Ort das Magdeburger Stadtrecht. |
| **1287** | Prenzlau erhält das Privileg, sich mit einer Stadtmauer zu umwehren. |
| **1465** | Prenzlau erhält den Titel „Hauptstadt der Uckermark“ und eine erste gedruckte Stadtordnung. |
| **1483** | Die Stadt wird fast vollständig durch einen Brand zerstört. |
| **1543** | Einführung der Reformation und Säkularisierung der drei Klöster bis 1560. |
| **1724** | Errichtung eines neuen Rathauses. |
| **1806** | General Hohenlohe kapituliert am 28. Oktober mit 10.000 preußischen Soldaten vor 1.500 Franzosen in Prenzlau. |
| **1863** | Die Eisenbahnlinie Angermünde–Prenzlau–Anklam wird eröffnet. |
| **1867/68** | Errichtung einer Brauerei in der Neustadt. |
| **1872** | Errichtung der Zuckerfabrik durch Ludwig Weinrich. |
| **1879** | Stapellauf des ersten Dampfschiffes auf dem Uckersee. |
| **1888** | Einweihung des Landratsamtes in der Stettiner Straße. |
| **1895** | Eröffnung einer öffentlichen Fernsprechanlage. |
| **1896** | Errichtung der Margarinefabrik durch Franz Wienholz. |
| **1899** | Inbetriebnahme des Wasserwerkes und Anlegung des jüdischen Friedhofs am Süßen Grund. |
| **1909** | Inbetriebnahme des E-Werkes in der Freyschmidtstraße |
| **1914–1918** | 630 Prenzlauer fallen im Ersten Weltkrieg. |
| **1927** | Einweihung des Kreiskrankenhauses in der Stettiner Straße. |
| **1936** | Errichtung der Kasernen in der Berliner Straße. |
| **1938** | Zerstörung der Synagoge und des alten jüdischen Friedhofs im Stadtpark am 9./10. November. |
| **1939** | Prenzlau zählt 26.868 Einwohner. |
| **1945** | Einmarsch der Roten Armee am 27. April. Das Stadtgebiet wurde durch Bomben und direkte Brandlegung zu etwa 85 Prozent zerstört. |

1952 Errichtung der Poliklinik in der Grabowstraße.

1953 Nach achtmonatiger Bauzeit wird am 11. September das wiederaufgebaute Postgebäude in der Friedrichstraße eröffnet.

1957 Eröffnung des „Filmtheaters der Freundschaft" am 13. April.

1958 Einweihung und Eröffnung des Hotels „Uckermark" am 9. Februar.

1960 Abriss der Rathausruine auf dem Marktplatz.

1962 Eröffnung der Volkssternwarte im Steintorturm am 22. April als erste Sternwarte im Bezirk Neubrandenburg.

1967 Am 18. Mai wird der Grundstein für den VEB Armaturenwerk Prenzlau (AWP) mit etwa 1.500 Arbeitsplätzen gelegt.

1972 Beginn des Wiederaufbaus der Marienkirche.

1976 Letzter Auftritt des Liedermachers Wolf Biermann am 4. September in der St.-Nikolai-Kirche vor dessen Ausbürgerung aus der DDR, die die DDR-Behörden am 16. November verkünden.

1984 In Anwesenheit des Ministers für Bauwesen der DDR, Wolfgang Junker, wird am 22. Juni der weitgehend fertiggestellte Neubaubereich in der Straße der Republik (heutige Friedrichstraße) mit 218 Wohnungen sowie mehreren Geschäften und einer Gaststätte nach einer Bauzeit von 14 Monaten übergeben.

1988 Jungfernfahrt des Fahrgastschiffs „Uckerschwan" am 11. Juni. Aus Rentabilitätsgründen wurde das Schiff 2001 an eine Müritzer Schifffahrtgesellschaft verkauft. Das dann neu angeschaffte, etwas kleinere Schiff, das den Namen „Onkel Albert" führte, wurde 2021 veräußert.

1989 Im Zuge der Verringerung der sowjetischen Truppen in der DDR verlässt ein Truppentransportzug am 18. Mai Prenzlau. Aus diesem Anlass findet auf dem Bahnhof eine Kundgebung statt, zu der Journalisten aus 13 Ländern eingeladen wurden. Später sollten dafür Kampfhubschrauber in Prenzlau stationiert werden, was durch eine breite Protestbewegung der Bürger verhindert werden kann.

1990 Soldatenstreik am 13. Februar in der Roten Kaserne.

2013 Am 13. April erfolgt die Eröffnung der Landesgartenschau in Prenzlau.

2019 Der erste Spatenstich für die Errichtung des Campingplatzes „Sonnencap" erfolgt am 25. November.

# Bildnachweis

Die in diesem Band gezeigten historischen Abbildungen stammen aus folgenden Archiven: S. 8 Uckermärkischer Geschichtsverein, S. 38, S. 52 und S. 84 Ralf Wieczarek, S. 111 Stadtarchiv Prenzlau, S. 114 Ilse Törfler. Alle weiteren historischen Aufnahmen und die aktuellen Fotos stammen vom Autor. Für Hinweise und Korrekturen dankt der Autor Horst Mallow, Sabine Nietzold, Udo Stimm, Reinhard Timm, Ralf Wieczarek und Frank Wieland.

**Einband vorne:** Blick von der Ecke Steinstraße/Marktberg in die Friedrichstraße. Links erkennen wir das Kaufhaus Breuss und gleich daneben (im Vordergrund) den Denkmal-Sockel vom „Alten Fritz", der noch bis 1960 dort stand und als Werbefläche für Plakate genutzt wurde. In der rechten Bildhälfte sind u.a. die zerstörte Jacobikirche und der Stettiner Torturm zu sehen. Das historische Foto entstand um 1948.

**Vorsatz:** Dieses Foto von der Silhouette der Stadt Prenzlau entstand im August 1883, wie auf der Rückseite des Bildes in alter Handschrift vermerkt ist. Es wurde vom Prenzlauer Fotografen Ernst Seyser erstellt, der sein Geschäft in der Königstraße 159 hatte. Das Foto zeigt eindrucksvoll die alte Bebauung der Stadt, die sich im Uckersee spiegelt. Am rechten Bildrand erkennt man sehr gut das alte Schauspielhaus (Komödienhaus), das 1832 mit einem Bürgerball feierlich eingeweiht werden konnte. „Stadt Prenzlau" hieß das 1867 erbaute erste Dampfschiff, das 1879 vom Stettiner Haff auf den Uckersee gebracht wurde. 1890 verkaufte der Eigentümer Stenger das Schiff für 2.000 Mark nach Berlin.

**Nachsatz:** Dieses Foto entstand 2021. Es zeigt, wie sich die Silhouette der Stadt Prenzlau in etwa 140 Jahren verändert hat (vgl. Abb. Vorsatz). Die im April 1945 zerstörten Bürgerhäuser mussten Plattenbauten weichen, die aber immerhin noch eine ansprechende Dachlandschaft bieten. Im Zentrum des Bildes befindet sich die dominante Marienkirche, die man bereits aus großer Entfernung erkennt, wenn man sich der Stadt nähert.

**Einband hinten:** Die um 1910 entstandene Postkarte zeigt das Nordufer des Unteruckersees. Am rechten Bildrand ist das alte Schauspielhaus zu sehen, das bis 1777 als Reitstall genutzt wurde. Nach seinem Umbau wurde es 1832 feierlich als Komödienhaus eingeweiht. 1945 wurde das Gebäude komplett zerstört und bald darauf abgetragen. Im Zentrum der Postkarte erkennt man die aus Fachwerkhäusern bestehende Wohnbebauung der Fischerstraße und gleich dahinter die des Kupferschmiedeganges. 1952 hatte Hans Walde das Haus Fischerstraße 673 angekauft, um hier eine Gaststätte zu errichten, die in Prenzlau bald zu einer Institution wurde. Nach seinem Tod stand hier sein Stiefsohn Karl Menge („Kalli Walde") hinter dem Tresen, dessen Tochter Anke Menge-Weiher heute die Gaststätte „Zur Fischerstraße" führt, die 1984 im Neubau an der Uckerpromenade eröffnet werden konnte. Karl Menge, der von 1954 bis fast zu seinem Tod im Oktober 2019 hinter dem Tresen stand, war in Prenzlau sehr beliebt und geachtet.

*Handkolorierte Postkarte „Partie am Wasserturm" mit Blick auf den Stadtpark (um 1910).*

## Impressum

Sutton Verlag GmbH
Schweickhardtstraße 1
72072 Tübingen
www.suttonverlag.de


ISBN: 978-3-96303-375-9
Druck: Florjančič Tisk d.o.o. / Slowenien
Gestaltung und Herstellung: Sutton Verlag

In diesem Buch wird aus Gründen der besseren Lesbarkeit das generische Maskulinum verwendet. Weibliche und anderweitige Geschlechteridentitäten werden dabei ausdrücklich mitgemeint, soweit es für die Aussage erforderlich ist.

Sollte dieses Werk Links auf Webseiten Dritter enthalten, so machen wir uns die Inhalte nicht zu eigen und übernehmen für die Inhalte keine Haftung.